QUESTION DE SUBSTITUTION.

PLAIDOYER

DE Me LIOUVILLE,

AVOCAT A LA COUR ROYALE DE PARIS,

POUR

Mme veuve GARNEREY et Mme CABANNE,

CONTRE

MM. Louis et Hippolyte GARNEREY,

PRONONCÉ A L'AUDIENCE
DE LA PREMIÈRE CHAMBRE DU TRIBUNAL CIVIL DE LA SEINE,
LE 28 MARS 1838,

SUIVI

D'UNE *NOTE* SUR LA JURISPRUDENCE ET D'UNE *CONSULTATION*.

PARIS,
IMPRIMERIE DE PAUL DUPONT ET COMPAGNIE,
RUE DE GRENELLE SAINT-HONORÉ, 55.

Mars 1838.

PLAIDOYER

DE Mr. LIOUVILLE,

POUR

Mme veuve GARNEREY et Mme CABANNE,

CONTRE

MM. LOUIS et HIPPOLYTE GARNEREY,

MESSIEURS,

La demande dont vous venez d'entendre les développemens tend au partage de deux communautés et de deux successions. Nous y accédons en ce qui touche les deux communautés et l'une des deux successions; nous y résistons en ce qui touche la seconde de ces hérédités, parce qu'un testament en a déjà réglé le sort; mais ce testament est attaqué, et tout le procès roule sur sa nullité ou sa validité.

On prétend qu'il est nul comme entaché d'une double substitution : fait au profit d'un père et d'une mère, il y aurait, suivant le demandeur, substitution, d'abord au profit du survivant, ensuite au profit de leur fille : écrit en 1821, ouvert en 1824, il serait frappé d'une nullité dont la loi spéciale de 1826 l'aurait complétement affranchi, si le testateur eût vécu deux années de plus.

Voyons si, en effet, cette nullité existe, ou si la demande n'est pas plutôt l'effet d'une haine de famille, qui, après quatorze ans de silence, vient tenter en justice une entreprise pour laquelle jusqu'à présent elle s'était reconnue impuissante.

On vous a dit que le désir de venger leur honneur des *calomnies du testament* poussait nos adversaires jusqu'au pied de votre tribunal!

N'en croyez rien, Messieurs; toute votre puissance ne peut effacer les lignes qu'a tracées la main du testateur; la sentence qu'il a portée sur son frère ne peut vous être déférée; les autres parties du testament peuvent être par vous annulées, mais celle-là est en dehors de ces débats; elle n'y apparaît que par sa force morale; elle n'y apparaît que pour être justifiée par l'action même qu'on intente, par les paroles mêmes qu'on prononce; car si l'exclusion des frères avait besoin d'une justification, que voudriez-vous de plus que de les voir vous tendre, pour recevoir l'héritage d'Auguste, la main avec laquelle ils gravent sur sa tombe l'épithète de *calomniateur!*

On vous a dit aussi que le respect pour leur vieux père les avait engagés à se taire pendant sa vie: cela n'est pas vrai; car leur père avait renoncé au legs; la nullité du testament lui était donc étrangère; ses fils mêmes, en le faisant annuler contre leur belle-mère et leur sœur consanguine *pour la satisfaction de leur honneur*, auraient pu venir ensuite déposer à ses pieds, comme un hommage à sa vieillesse et un soutien à sa fortune, le fruit de leur victoire!

Ainsi, ni le soin de leur honneur ne les anime aujourd'hui, ni le respect pour leur père ne les a jusqu'à présent retenus: le testament vous dira ce qui les guide.

Pour bien apprécier ce testament et l'esprit qui l'a dicté, il est nécessaire d'entrer dans quelques détails de famille; car ce n'est pas ici seulement une question de droit, c'est encore, et avant tout, une question de fait; cependant j'abrégerai ces détails autant qu'il me sera possible, et j'espère n'être pas trop long.

FAITS.

M. Garnerey père était un peintre distingué, à qui l'*exploitation* de son talent eût pu être très profitable, mais qui, exerçant son état avec l'insouciance d'un artiste, ne s'occupa jamais de la fortune et mourut sans se douter des moyens qui y conduisent.

En 1778, il épousa Marguerite Courgit.

Faible et maladive, Mme Garnerey fit venir près d'elle Marie-Anne Lefol, sa nièce, pour l'aider dans les soins du ménage, et ce secours lui fut bientôt d'une absolue nécessité, car, après être restée long-temps sans avoir d'enfans, elle accoucha de son fils aîné Louis Garnerey, en 1783; de son fils puîné Auguste, en 1784, et de son dernier enfant, Hippolyte, en 1786.

Forcée de garder le lit jusqu'au moment de sa mort, la tante confia à la nièce le soin exclusif d'élever ces trois enfans, et lorsqu'arriva le moment fatal, elle exigea d'elle la promesse de continuer ce qu'elle avait commencé.

Et ce fut dans ce but et dans ces mêmes idées que, dans le courant de l'an II, M. Garnerey désira contracter mariage avec elle.

A partir de la naissance de ces enfans, la vie tout entière de Mme Garnerey a été une vie d'amour et de dévouement pour eux et pour leur père; j'en produis d'irrécusables témoignages émanés d'eux-mêmes; l'un d'eux, Auguste, l'en a récompensée par l'amour filial le plus tendre et le plus dévoué; les autres viennent aujourd'hui lui témoigner leur reconnaissance à leur manière, en cherchant à la réduire à l'indigence.

Des circonstances, qu'il est inutile au procès de rappeler ici, retinrent long-temps les deux frères Louis et Hippolyte hors de France; Louis s'embarqua en l'an IV, et ne revint qu'en 1814; Hippolyte s'embarqua en l'an XII, et ne revint qu'en 1827.

Quant à Auguste, il ne quitta pas la France (1); habitant sans cesse près de son père, il acquit bientôt ce beau talent qui le rendit commensal des premiers personnages de son époque, et qui lui permit d'inscrire dans l'acte de ses dernières volontés le nom de celle qui s'appelait alors la duchesse d'Orléans à côté du nom de celle qui s'était appelée la reine Hortense.

Elevé par sa belle-mère, il avait pour elle tous les sentimens

(1) Auguste n'a pas été exempté du service militaire par l'enrôlement de ses frères, comme on l'a dit : appelé deux fois sous les drapeaux, la première en 1806, il fut exempté pour faiblesse de poitrine : la deuxième en 1813, et il le fut alors à cause de son talent, par décret spécial de l'empereur ; ce décret s'appliquait à dix artistes éminens, il est à la date du 15 décembre 1813.

d'un bon fils, comme il avait pour sa jeune sœur Pauline une amitié sans bornes et un dévouement à toute épreuve : il avait voulu concourir, avec son père, à lui apprendre la peinture, et l'avait mise à même d'augmenter, de son côté, par des travaux utiles, l'aisance très modeste qu'il répandait dans la maison paternelle.

Déjà vieux, le père Garnerey ne travaillait qu'avec peine, et la maison se soutenait presque uniquement par la double pension que payaient le fils et la fille.

C'était la famille la plus unie, lorsqu'en 1814, Louis revint des pontons d'Angleterre : accueilli par une amitié sans réserve, Louis, et c'est là tout ce que j'en veux dire, ne put plier aux habitudes si douces de cette famille ses rudes habitudes de marin, et bientôt éclatèrent entre les deux frères des dissentimens de la nature la plus affligeante.

Ces déplorables débats ne firent que resserrer les liens qui unissaient Auguste au reste de la famille, et il en donna bientôt une preuve éclatante à la jeune Pauline, en lui remettant, dans le courant de 1819, une inscription de 1400 fr. de rente, qu'il avait fait inscrire *en son nom* et qu'il lui donna en disant : *Si tu te maries, voilà ta dot; si tu ne te maries pas, voilà qui te mettra pour toute ta vie à l'abri du besoin.*

Cette somme est l'un des deux objets de la demande ; car la succession d'Auguste ne se compose que d'une maison de campagne à Auteuil et de la dot de madame Cabanne ; on veut que cette dot soit rapportée à la masse commune ; Louis en sollicite une part, et il se fonde sur un acte d'imprudence de sa jeune sœur, s'il est permis d'appeler ainsi le désir si naturel à un cœur reconnaissant d'exprimer hautement les sentimens dont il est rempli.

Voici le fait : Lorsqu'en avril 1820, mademoiselle Pauline Garnerey se maria à M. Cabanne, elle désira que son frère Auguste figurât au contrat de mariage, non seulement comme frère, mais encore comme donateur de cette rente qu'elle possédait depuis huit mois; elle voulut pour ainsi dire qu'il la lui donnât une seconde fois dans l'acte le plus solennel de sa vie, et nous voyons en effet que dans ce contrat, cette donation manuelle, depuis si long-temps consommée, est présentée comme une dot constituée pour le mariage lui-même.

Quant au père et à la mère de mademoiselle Garnerey, leur position ne leur permit pas d'y ajouter une obole : c'est ce que porte encore le contrat de mariage.

Après s'être ainsi entièrement dépouillé de ses économies, Auguste Garnerey espéra en son talent pour se créer à lui-même une existence agréable. Dans cette vue, et dix-huit mois environ après le mariage de sa sœur, il désira acheter un terrain à Auteuil pour y bâtir une habitation de son goût : mais les moyens d'acquérir le terrain lui manquaient, lorsque M. et Mme Cabanne lui offrirent de vendre la rente qu'il avait donnée à sa sœur.

M. Cabanne alla plus loin : et comme le propriétaire du terrain ne voulait pas le vendre si on ne le débarrassait d'un marécage voisin, il acheta ce marécage pour faciliter l'exécution des idées de son beau-frère, sans savoir quel parti il pourrait jamais tirer de ce marais.

La rente vendue, M. Cabanne paya pour Auguste le prix du terrain : celui-ci dessina immédiatement le jardin, et en laissant l'exécution à son beau-frère, partit pour l'Italie vers la fin de 1821.

Durant ce voyage, toutes les idées de Garnerey se tournaient vers sa sœur : c'est à elle qu'il pensait sans cesse; je ne vous lirai pas sa correspondance, mais j'en fais passer une page sous vos yeux : voici une aquarelle qu'il lui envoya dans une lettre; vous y verrez l'expression de ses sentimens les plus intimes : il s'y est peint lui-même, occupé à ses travaux dans la maison qu'il habitait à Naples, et vous pouvez lire au bas de ce charmant dessin ces mots partis du cœur : *Voilà ton frère à Naples; il travaille et pense à sa sœur.*

Cependant, et sur le point de s'embarquer à Gênes une crainte le saisit : si, pendant la traversée, la mort venait le frapper;

à qui appartiendrait sa petite fortune? Son père n'en aurait qu'une partie; le reste irait presque en entier à deux frères dont l'un lui était à peu près inconnu, dont l'autre ne s'était fait connaître à lui que par une longue inimitié. Quant à sa sœur, c'est-à-dire quant à l'objet de ses plus tendres affections, elle n'y aurait que la plus faible part......; enfin, sa belle-mère, sa mère d'adoption n'aurait rien!

Ce partage ne pouvait convenir à son cœur; comme il confondait dans un même amour son père, sa belle-mère et sa sœur, il voulut les rendre tous trois maîtres absolus de son bien; et, afin que cette disposition ne parût pas l'effet du caprice, il résolut d'en déduire les motifs dans l'acte même qui la renfermerait, et le 10 décembre de sa trente-huitième année, c'est-à-dire le 10 décembre 1821, il fit son testament en ces termes :

Au moment d'entreprendre un voyage qui peut avoir quelque danger, et possédant maintenant quelque bien en meubles et immeubles, je crois prudent de déposer ici mes volontés pour la disposition de ce que je possède, après ma mort, si elle arrivait dans mon voyage ou dans tout autre moment inattendu. Ne devant qu'à moi seul ce que je possède, puisque ce bien est le fruit de mon talent et de mon travail, et n'ayant aucun héritier légitime ni direct, je veux que les dispositions suivantes soient exécutées ponctuellement, ayant soin même ici de les appuyer des raisons et motifs qui déterminent mes résolutions, afin qu'aucunes objections ne leur soient faites et qu'elles aient leur entier accomplissement.

Je donne et lègue en tout et sans partage à mon père et à ma mère au dernier vivant tout ce que je possède en biens meubles et immeubles, argent comptant, etc., à la condition expresse de le laisser après eux à ma sœur chérie Pauline Cabanne, ou s'ils avaient le malheur de la perdre, comme si ma sœur Pauline se trouve possesseur de ce bien et en dispose, je désire que ce soit en faveur de mon frère Hippolyte Garnerey qui est en ce moment en Amérique et que je connais trop peu pour pouvoir justement rien disposer pour lui, et qu'une moitié de ce bien aille aux enfans de ma sœur si elle en a; M'EN REPOSANT TOUTEFOIS POUR CETTE DISPOSITION SUR LA SAGESSE ET L'ÉQUITÉ DES TROIS LÉGATAIRES CI-DESSUS NOMMÉS. Je dois ce que je fais ici à MON PÈRE pour le soutenir dans ses vieux jours, puisqu'après moi, il se trouve *sans bien et sans aucun appui ni secours;* À MA MÈRE, *pour ses vertus, sa bonté et l'attachement et les soins qu'elle m'a prodigués toute ma vie,* tendresse qu'elle ne me devait point, puisque n'étant que belle-mère, *tout a été bonté et vertu de sa part. C'est donc* UNE DETTE SACRÉE POUR MOI *que de lui laisser* CE QUE JE POSSÈDE EN TOUT ET SANS PARTAGE *et je sais que je ne m'acquitte point encore envers elle.* Je le dois À MA SŒUR pour la *tendresse extrême* qu'elle m'a toujours témoignée et qu'elle me conservera toute sa vie, comme *modèle de toutes les vertus et les qualités, et comme à l'enfant chéri et d'adoption de mon cœur.* C'EST A SA SAGESSE ET A SA PRUDENCE SURTOUT QUE JE LAISSE TOUTES LES DISPOSITIONS POUR CE QUE JE POURRAIS OMETTRE ICI, ET SURTOUT POUR LE BONHEUR DE NOS PARENS. *Si je laisse quelques dettes* et surtout celle contractée envers mon beau-frère Cabanne *pour l'acquisition du terrain d'Auteuil, elles seront acquittées par la rentrée de huit mille francs* à peu près qui me sont dûs et dont la note est jointe à mes papiers, OU SUR LA VENTE DU TERRAIN, *ou enfin* SUR CELLE DE MES OUVRAGES OU DE MES MEUBLES, TOUT-A-FAIT A LA DISPOSITION DE MES LÉGATAIRES ET A LA DÉTERMINATION QUE LEUR SAGESSE ET LEUR BON ACCORD LEUR SUGGÈRERA.

Il est bien et positivement entendu que ces dispositions sont toutes A L'EXCLUSION ENTIÈRE ET TOTALE DE MON FRÈRE AÎNÉ, LOUIS GARNEREY, DANS AUCUNE PART DE QUOI QUE CE SOIT DE MA SUCCESSION, à cause de ses mauvais procédés et de son ingratitude envers mon père, de la haine qu'il porte et des mauvais traitemens qu'il a fait éprouver à ma sœur et à ma mère qui l'aimait si tendrement et pour qui son ingratitude a été si noire, et enfin pour tout le mal qu'il m'a fait à moi-même et dont j'ai plus souffert que personne ne l'a cru et qu'il ne l'a su lui-même.

Ma petite armoire gothique, fermée à clef, ne sera ouverte qu'en présence de témoins, et tous les objets et papiers qu'elle contient ne seront remis qu'à M. Charles Philippe, à son défaut, à M. Gustave Dugazon, à son défaut, enfin, à M. Adrien Godefroy; comptant sur leur sagesse et leur amitié de la disposition de ce qu'elle contient sans que personne puisse leur en demander aucun compte. *Ma médaille d'or est seule exceptée et sera remise* A LA MÊME PERSONNE QUE LE RESTE DE MON BIEN.

Deux paquets de liasses et papiers qui sont enveloppés de papier gris et ficelés sur la planche la plus élevée de mon armoire seront remis aussi sans être ouverts, à la personne qui ouvrira mon armoire gothique. Je compte sur la fidélité la plus scrupuleuse pour tous ces articles.

Il me reste ensuite à laisser un léger souvenir à quelques personnes dont j'ai connu la bonté et l'affection pendant ma vie; elles seront peu nombreuses, n'ayant pas été heureux sous le rapport des sentimens dont mon cœur aurait eu tant besoin. MES LÉGATAIRES DISPOSERONT DONC EN FAVEUR DES PERSONNES CI-APRÈS NOMMÉES *des petits ouvrages de peinture ou meubles qu'ils croiront pouvoir leur être agéables, convenir à chacun d'eux et leur rappeler que je les ai aimées et que je désire le leur prouver, afin qu'ils ne m'oublient pas tout-à-fait après ma mort.* D'abord, la bien bonne et chère *Reine Hortense; Madame la Duchesse et Mademoiselle d'Orléans,* dont j'ai éprouvé toute la bonté; la *Comtesse de Montjoye, Gustave Dugazon, Madame Lydie Royer, Charles Philippe, Léon Guyot, Madame de Lépine, Armand Godefroy, Leroy, Madame Lucas, Madame Moreau, Madame Belmont, Mondat, Palmaert, Isabey, Lemoine, Mademoiselle Cochelet, Romagnesi, Desjardins, Hyppolite Julien et Edouard Frochard.*

JE LAISSE LES DISPOSITIONS POUR CE QUE JE N'AURAIS PAS PRÉVU ET CE QUI NE CHANGERAIT RIEN A CES ARTICLES A LA DISPOSITION DES TROIS LÉGATAIRES QUE J'AI

HOMMES. *Et aussi tranquille sur l'avenir que sur le passé, je quitterai ce monde, quand il plaira au destin, en déclarant à ceux qui m'ont aimé que je ne regrette que leur affection.*

Fait à Gênes, le 10 décembre, dans ma trente-huitième année et dans toute la plénitude de mes facultés et moyens.

AUGUSTE GARNEREY.

Ce testament ainsi fait, il l'adresse à son ami Philippe, et tranquille désormais sur le sort de tous ceux qu'il aimait sur la terre, il se confia sans crainte à ces périls dont l'approche avait éveillé en lui le souci de leur avenir.

De retour en France, il se mit à édifier à l'un des angles du terrain un pavillon à l'italienne, destiné à l'habitation de son père, de sa mère, de sa sœur et de lui-même; mais il ne devait pas en jouir : le 16 mars 1824, il succomba à une maladie de poitrine qui l'affectait depuis long-temps.

Le jour même, Louis Garnerey fait apposer les scellés; l'inventaire est dressé, le testament est ouvert.

Rédigé par un homme qui n'avait pas l'habitude des affaires, il pouvait donner lieu à diverses interprétations.

On le soumit d'abord à celle du fisc : le fisc y trouva *une disposition à titre d'usufruit au profit du père et de la mère Garnerey, et de nue-propriété au profit de madame Cabanne* : c'est en ce sens que les droits ont été perçus.

Les *notaires* qui firent l'inventaire furent également de cet avis : c'est en ce sens qu'ils en dressèrent l'intitulé.

Louis Garnerey, présent sur les lieux, n'alla pas imaginer qu'il y eût dans cet acte une substitution prohibée; et quand il en eut pris connaissance : *Mon frère*, dit-il, *a fait pour moi ce que j'aurais fait pour lui si j'étais mort le premier.*

Quant à *Hippolyte*, il l'approuva complétement; et dans la crainte qu'il manifesta alors de voir sa sœur tourmentée par son frère, sachant que, pour faire apposer les scellés, celui-ci s'était servi de son nom, avait invoqué ses intérêts et avait fait valoir son absence, il mit au bas de l'expédition que je vous représente ces mots: *J'approuve les dispositions du présent testament.*

Les *étrangers* enfin, avec qui on eut à traiter en qualité d'héritiers, admirent aussi cette interprétation : j'en rapporte en preuve un acte relatif à la mitoyenneté des murs d'Auteuil, à la date du 18 janvier 1828.

Cependant, et dès avant l'approbation d'Hippolyte, M. Garnerey père avait pensé que la jouissance à titre d'usufruit seulement lui rendant impossible la disposition de certains objets, il valait mieux, dans son intérêt, s'en tenir à la réserve du quart, et il avait renoncé au legs; de telle sorte que le partage de l'hérédité fut celui-ci : à M. Garnerey père, la toute propriété d'un quart; à madame Garnerey, l'usufruit des trois quarts restant, et à Mme Cabanne la nue propriété de ces mêmes trois quarts.

Pendant quatorze ans, rien ne troubla cette exécution donnée au testament; et sur la foi de cette exécution, pendant quatorze ans M. Cabanne a consacré à la maison d'Auteuil tous ses soins et toutes ses économies, aidant continuellement son beau-père qui n'avait pas, dans sa réserve du quart, des moyens d'existence suffisans; tout son patrimoine, le fruit de son travail journalier y a été employé : c'est là que sont aujourd'hui, avec toute sa fortune, toutes ses joies de famille, tous ses souvenirs les plus chers; c'est là ce qu'on vient aujourd'hui demander : *Auteuil et la dot*; car c'est là tout ce qu'a laissé Auguste Garnerey.

Voyons donc si la demande a quelque fondement et si l'on peut, après quatorze années d'une exécution paisible, venir détruire un testament sur la foi duquel une famille tout entière a basé son existence, sur la foi duquel elle a fait les plus grands sacrifices! Remarquez, en effet, que si les trois légataires d'Auguste Garnerey n'ont pas, dès 1824, vendu une propriété de luxe; que s'ils ont cru devoir à la mémoire d'un fils et d'un frère chéri, de conserver ce monument de son talent et de son amitié; que si, pour exécuter les désirs de son frère M. Cabanne a cru devoir faire d'onéreux emprunts..... tout cela est dû à la confiance que les légataires ont eue et qu'ils devaient avoir dans un testament que respectaient les parties intéressées, et qui, n'étant pas autre à cette époque qu'aujourd'huil, devait être ou attaqué dès lors ou pour toujours respecté !

Cependant on l'attaque, et M. Hippolyte Garnerey, qui d'abord s'en rapportait à votre justice, paraît se joindre à M. Louis; voyons donc à le défendre.

DISCUSSION.

Quant à M. Hippolyte, je lui rappelle son approbation précise, formelle; j'y trouve une renonciation à la succession de son frère en faveur de sa belle-mère et de sa sœur, seules alors investies; et comme je ne sais pas prévoir les subtilités à l'aide desquelles un homme se dégage de sa parole et rétracte ses écrits, j'attendrai que son défenseur ait pris la peine de nous les faire connaître.

Ce n'est pas que j'attache à cette fin de non recevoir une bien grande importance, car les raisons sont décisives sur le fonds : mais c'est un fait trop grave pour que des explications ne soient pas demandées à cet égard.

Quant à M. Louis Garnerey, il n'a pas, comme son frère, approuvé formellement ce testament; il l'a seulement laissé exécuter pendant quatorze ans. Il faut donc examiner si cet acte renferme, comme il le prétend, une nullité radicale.

Voyons la première disposition :

Je donne et lègue en tout et sans partage à mon père et ma mère au dernier vivant tout ce que je possède en biens meubles et immeubles, argent comptant, etc., à la condition expresse de le laisser après eux à ma sœur chérie Pauline Cabanne, ou s'ils avaient le malheur de la perdre, comme si ma sœur Pauline se trouve possesseur de ce bien et en dispose, je désire que ce soit en faveur de mon frère Hypolithe Garnerey qui est en ce moment en Amérique et que je connais trop peu pour pouvoir justement rien disposer pour lui, et qu'une moitié de ce bien aille aux enfans de ma sœur si elle en a; m'en reposant toutefois pour cette disposition sur la sagesse et l'équité des trois légataires ci-dessus nommés.

Nos adversaires trouvent dans cette disposition trois substitutions:

L'une, en ce que les père et mère sont institués avec cette clause : *au dernier vivant ;*

L'autre, en ce que M. Hippolyte Garnerey et les enfans Cabanne sont substitués, soit à M. et Mme Garnerey, soit à madame Cabanne;

La troisième enfin, en ce que madame Cabanne est substituée à ses père et mère.

La première n'est pas une substitution, c'est un *legs conjoint* à deux personnes; la condition *au dernier mourant* tient la propriété en suspens jusqu'au décès du premier, voilà tout; le second est censé avoir été institué sous une condition suspensive qui rétroagit jusqu'à l'ouverture de la succession; il a seul ainsi recueilli la totalité du legs.

C'est l'interprétation des meilleurs auteurs : Henrys, t. 3, liv. 6, question 23; — Grenier, *Donations*, t. 1, p. 117; — Toullier, t. 5, n° 45; — Duranton, t. 8, n°. 85; — Chabrol, t. 2, p. 127; — Rolland de Villargues, p. 150, n° 105; — Dalloz, p. 188. — V. aussi *Poitiers*, 3 avril 1818 et 21 juin 1825; *Orléans*, 10 février 1830.

Voulez-vous supposer que le testateur a entendu que les deux légataires recueilleraient leur portion séparée, qu'ils en jouiraient séparément, et qu'au décès du premier mourant, sa part irait accroître celle de l'autre. Ce sera un *legs d'accroissement* mal fait, porté au delà de son terme ordinaire, ce sera une condition nulle, mais ce ne sera pas une substitution.

C'est la décision formelle de M. de Villargues, dans son excellent ouvrage sur les substitutions, édit. de 1833, p. 179, n° 128.

C'est celle d'un arrêt de Rouen, du 10 juin 1814, et d'un arrêt de cassation, du 3 juin 1823, affaire Saint-Arroman (1).

Enfin, il y a une troisième manière d'envisager cette disposition, c'est d'y voir une *substitution vulgaire*, pour le cas où l'un des deux mourrait avant le testateur. Celui-ci donne sa fortune à

---

(1) Voir la note mise à la fin de ce plaidoyer.

son père et à sa mère; et dans le cas où l'un d'eux serait mort avant lui, *au dernier vivant.*

L'obligation imposée aux deux légataires de transmettre après eux à Mme Cabanne ne s'oppose pas à cette interprétation; car cette obligation se divise et s'applique à chacun comme le bien qui sera transmis.

Il ne faut donc pas voir là une substitution prohibée.

La seconde disposition, celle qui appelle M. Hippolyte ou les enfans de Mme Cabanne, n'est pas non plus une *substitution*, parce que *la prière* n'est par un ordre, parce qu'elle a perdu dans le droit français la force qu'elle avait sous l'empire des lois romaines, parce qu'elle peut être impunément négligée et dès lors ne transmet aucun droit.

C'est ce qu'établit M. Merlin, *Répert. V°. Substitution fidéicommissaire.*

C'est ce qu'a décidé la Cour de cassation, le 5 janvier 1809, sur les conclusions de ce savant jurisconsulte.

C'est ce dont mon adversaire est convenu lui-même.

Reste donc la prétendue substitution en faveur de Mme Cabanne.

Pour savoir s'il y a là substitution prohibée, consultons la loi.

L'article 896 définit la substitution prohibée *toute disposition par laquelle le légataire sera chargé de conserver et de rendre à un tiers.*

Ainsi, la loi veut deux conditions pour prohiber la substitution : *conserver* et *rendre.* C'est un point de doctrine constant que *toutes deux* sont *substantielles.*

Celui qui ne serait *tenu que de conserver sans être obligé de rendre* n'aurait pas un legs entaché de substitution, et il faut en dire autant de celui *qui serait obligé de rendre*, *mais sans être tenu de conserver.*

Dans ces deux cas, il y a seulement *legs conditionnel;* la condition pourra être annulée, mais l'institution sera maintenue, à la différence du cas prévu en l'art. 896, où l'institution et la substitution sont frappées d'une même nullité.

De plus, la doctrine et la jurisprudence interprètent ces deux conditions : *conserver* et *rendre*, en ce sens qu'elles ne doivent avoir effet qu'*à la mort de l'institué*, et en ce sens encore qu'elles soient soumises à la *condition de survie de la part du substitué*, ce qui rend incertain le droit de celui-ci et ne lui donne, au lieu d'une propriété actuelle, qu'une espérance d'hérédité qu'il ne peut transmettre.

Ces deux conditions tiennent, comme les deux autres, à l'essence des substitutions :

La première, parce que, si l'on ne devait pas attendre la mort de l'institué, il n'y aurait qu'une *jouissance à temps*, et l'ordre successif n'existerait pas.

La seconde, parce que, si l'institué devait rendre aux représentans du substitué, dans le cas même où celui-ci mourrait avant lui, le substitué serait véritablement propriétaire dès l'ouverture du testament, puisqu'il pourrait transmettre; il aurait un droit de même force, de même nature, et ayant le même point de départ que celui du substitué; la propriété ne serait pas un seul instant incertaine; *l'institué n'aurait qu'un usufruit; le substitué aurait la nue-propriété*, et loin de tomber sous la prohibition de l'art. 896, on serait placé sous la protection formelle de l'art. 899.

Ainsi :

1° *Conserver* ;

2° *Rendre* ;

3° *Ne rendre qu'à sa mort;*

4° *Conserver pour soi et pour les siens, si on survit au substitué;*

Tels sont les caractères de la substitution prohibée, c'est-à-dire de la substitution qui annule l'institution.

Si l'une d'elles manque, il peut encore y avoir substitution, en ce sens qu'une personne, dans un temps donné, prendra la place et les droits d'une autre; mais il n'y a plus *substitution prohibée ;* la condition attachée à l'institution principale est alors plus ou moins valable; mais si elle périt, elle périt seule; l'institution lui survit..... Et dans l'espèce qui nous occupe, c'est tout ce qu'il nous faut.

Voyons donc si les caractères de la substitution prohibée se rencontrent dans la clause au profit de Mme Cabanne. Je la relis :

A la condition expresse de le laisser après eux à ma sœur chérie Pauline Cabanne.

La première observation, c'est que si on trouve là l'obligation de *laisser*, de *rendre*, si l'on veut, à un tiers, il faut reconnaître que l'obligation de *conserver* n'y est pas littéralement écrite; ni le mot *conserver*, ni aucun équivalent ne s'y rencontrent.

J'entends, Messieurs, que ces termes ne sont pas sacramentels; qu'on peut les remplacer par d'autres; qu'on peut même trouver l'intention du testateur dans l'ensemble du testament : j'examinerai tout à l'heure cet ensemble. Je réponds d'abord à une objection.

Dire que *par cela seul que le testateur a donné tous ses biens à charge de les laisser, c'est qu'il a voulu qu'on les conservât....*, c'est dire que *la charge de rendre contient* NÉCESSAIREMENT *celle de conserver.*

Or, cette prétention est contraire à tous les principes de la matière et à la doctrine de tous les auteurs; elle est contraire au texte même de l'art. 896, qui a employé ces deux termes, non pour exprimer une même idée, mais pour en exprimer deux..... non pour imposer une seule condition, mais pour en imposer deux..... qui a employé ces deux termes, non par redondance, mais pour caractériser l'essence des substitutions, et qui, sans doute, n'a pas voulu confier la fortune des familles aux chances douteuses de l'interprétation d'un pléonasme !

En vain dira-t-on que *personne ne peut rendre sans avoir conservé* et que *l'intention présumée du testateur est évidemment que son père et sa mère conservent d'abord et rendent ensuite.*

Nous répondrons qu'on ne construit pas des substitutions prohibées avec des vraisemblances et des présomptions, quelque puissantes qu'elles soient; que tout est de rigueur en ces matières;

que les expressions dont le testateur s'est servi doivent, pour qu'on admette la substitution, y conduire d'une manière *nécessaire*, et que, s'ils peuvent avoir deux sens, c'est celui qui ne constituera pas une substitution prohibée qu'il faut admettre et non celui qui en établirait une, parce qu'il faut toujours interpréter les actes dans le sens qui leur donne la vie, de préférence au sens qui les empêcherait d'exister.

Ici se place encore une remarque importante : c'est que l'esprit qui anime la législation doit servir à guider l'interprétation, et comme cet esprit a changé en matière de substitutions, il faut rejeter, comme inapplicables au Code civil, les règles de l'ancien droit.

Autrefois, en effet, la législation favorisait les substitutions; elle les considérait comme nécessaires à l'éclat des grandes familles; dès lors, les interprètes les supposaient là où ils auraient pu ne pas les voir; on présumait que le testateur avait voulu les établir, parce qu'alors cette volonté rentrait dans l'esprit de la loi. Aujourd'hui, au contraire, la présomption est qu'il n'a pas voulu en créer, parce que personne n'est censé vouloir la violation des lois : de telle sorte que, si autrefois on voyait des substitutions là où on eût pu ne pas les voir, il faut reconnaître qu'aujourd'hui on n'en voit pas là où peut-être on pourrait les rencontrer : il suffit pour cela qu'il y ait doute, car dans le doute on adopte le sens qui rend la clause conforme à la loi : tels sont les vrais principes.

C'est pour cela que la charge de *rendre* écrite *seule* ne suffit pas pour établir d'une manière *nécessaire* et *absolue* celle de *conserver*.

Ceci posé, voyons le fond des dispositions.

Prenons celle relative au paiement des dettes :

Si je laisse quelques dettes, elles seront acquittées par la rentrée de huit mille francs à peu près qui me sont dus, ou sur la vente du terrain, ou enfin sur celle de mes ouvrages ou de mes meubles, tout-à-fait à la disposition de mes légataires, et à la détermination que leur sagesse ou leur bon accord leur suggérera.

Ainsi, non seulement l'obligation de conserver n'est pas imposée, mais le droit de vendre est prévu comme une nécessité. Et de plus, dans cette prévision de vente qui est déjà exclusive de l'obligation de conserver, nous trouvons deux élémens bien précieux : 1° celui de la volonté des légataires, qui pourront à leur choix faire porter la vente sur les objets qu'ils voudront, et, par conséquent, préférer les immeubles aux meubles, chose rare en matière de substitution ; 2° l'appel de la personne substituée à la délibération des institués, ce qui est au moins extraordinaire, puisque, dans l'hypothèse d'une substitution, son droit n'est pas encore ouvert.

Mais les autres dispositions du testament sont, à mon gré, plus précises encore que celle-là, et constituent l'impossibilité de toute substitution prohibée.

Avant d'entrer dans leur examen, permettez-moi, Messieurs, de rappeler quelques principes : ce sera pour la dernière fois que nous toucherons à la théorie.

Lorsqu'une substitution a été faite, le substitué n'est appelé après l'institué qu'en ordre successif; son droit de propriété n'existe qu'à l'ouverture de la substitution : en attendant, il n'en a que l'espérance. S'il vient à mourir avant l'institué, la substitution s'évanouit immédiatement : il ne peut donc disposer de rien avant d'avoir recueilli, car il disposerait d'une succession future; son espoir ne consiste que dans l'attente d'une succession.

L'institué, de son côté, ne peut disposer d'aucune chose, parce qu'il est chargé de conserver et de rendre.

Si l'institué ne peut rien tout seul, si le substitué ne peut rien de son côté, il faut ajouter qu'ils ne peuvent rien en se réunissant; car l'essence de la substitution, c'est la conservation intégrale des biens d'une génération à l'autre ; le testateur a voulu mettre la faiblesse de l'une à l'abri des caprices de l'autre, et son but serait manqué si leur accord pouvait impunément enfreindre ses prescriptions.

Le *droit de disposer* donné, soit aux institués seuls, soit aux substitués seuls, soit aux institués et aux substitués réunis, est donc une dérogation complète aux principes de la substitution.

Si donc on rencontre, dans un testament, le droit de disposer conféré dans les circonstances que nous venons d'indiquer, il faudra dire qu'il n'y a pas substitution ; que si, dans une partie du testament, la substitution est écrite en termes plus ou moins directs, il faudra dire qu'il y a contradiction entre deux clauses du testament, et la lutte se trouvant établie entre une disposition légale et une disposition illégale, il est facile de prévoir à qui, en définitive, devra rester la victoire.

Voyons maintenant le testament.

M. Garnerey institue sa sœur, et dit :

Je le dois à ma sœur, comme à l'enfant chéri et d'adoption de mon cœur. C'EST A SA SAGESSE ET A SA PRUDENCE SURTOUT QUE JE LAISSE TOUTES LES DISPOSITIONS POUR CE QUE JE POURRAIS OMETTRE ICI *et* SURTOUT POUR LE BONHEUR DE NOS PARENS.

Ainsi, voilà Mme Cabanne chargée de faire *toutes* les dispositions *pour ce que le testateur pourrait omettre!*

Or, comment faire toutes ces dispositions si elle n'a pas le droit de disposer? le droit de choisir parmi les objets de la succession? le droit de les donner à ceux qu'elle croira omis par son frère?

Voilà donc la personne substituée investie dès l'ouverture du testament! investie avant l'ouverture de la substitution! investie avant qu'il soit certain que la substitution s'ouvrira! La voilà investie du droit de disposer d'une partie quelconque de la fortune du testateur, et d'en disposer dans les termes les plus larges ; car elle doit suppléer le testateur *dans tout ce qu'il aura omis!*

Or, comme ces termes ne posent par eux-mêmes aucune borne à la faculté qu'ils concèdent, il s'ensuit que si cette faculté n'est pas illimitée, elle est au moins très étendue.

Dans ce testament, Mme Cabanne trouve donc autre chose que l'espoir incertain d'une succession! Elle est saisie *hic et nunc*, elle est saisie d'un droit qui s'applique à l'hérédité du testateur, et non d'un droit relatif à l'hérédité des institués.

Or, a-t-on jamais vu un substitué disposer de quelque chose dans la fortune du testateur? La nature de son droit ne le reporte-t-il pas uniquement à la succession de ceux qui sont appelés en premier ordre?

Et qu'on ne dise pas qu'elle ne pourra disposer ainsi qu'*à l'ouverture de la substitution*, c'est-à-dire à la mort de ses père et mère!

Non : c'est de leur vivant qu'elle pourra disposer; car ce droit lui est confié *surtout pour leur bonheur*. Elle pourra donc disposer dans le temps même de leur jouissance; elle aura donc, dès lors, un droit acquis, et ce droit consistera dans une certaine puissance d'aliénation; on verra donc (chose inouïe en matière de substitution) le substitué disposer à son gré de certaines choses de la succession et les donner à des tiers pendant la jouissance même des institués, dont il pourra ainsi diminuer l'étendue!

Mais ce n'est pas seulement dans ce passage que le droit de disposer est conféré : rappelez-vous, Messieurs, cette clause finale :

Je laisse les dispositions pour ce que je n'aurais pas prévu et ce qui ne changerait rien à ces articles à la disposition des trois légataires que j'ai nommés.

Ici le testateur associe M. et Mme Garnerey à ce droit d'abord exclusif donné à Mme Cabanne; et cette association se retrouve encore dans la disposition relative à la vente de son immeuble ou de ses meubles, lorsqu'il dit que cette vente pourra se faire indifféremment des uns ou des autres, suivant ce que décideront les légataires :

Tout-à-fait, dit-il, *à la disposition de mes légataires et à la détermination que leur sagesse et leur bon accord leur suggèrera.*

Le droit de disposer n'est donc douteux, ni lorsque les trois légataires agiront ensemble, ni même lorsque, dans une certaine mesure, Mme Cabanne voudra l'exercer seule.

Combinons maintenant ensemble les droits dont nous venons de parler, et voyons ce qui en résulte :

Le but du testateur a été indiqué ; il veut qu'on puisse disposer de ses biens et pour *ce qu'il aura omis*, et pour le *bonheur de ses père et mère*, et il s'en rapporte pour cela au bon accord de ses trois légataires. Et quelles sont, je vous prie, les dispositions qui pourront être faites pour ce qu'il aura omis? Quelles seront celles pour assurer le bonheur de M. et de Mme Garnerey? Qui peut les indiquer et les tracer à l'avance? Qui peut leur donner des limites?

Personne, personne au monde!

Seuls, les trois légataires en sont juges; or, s'il y eut jamais un droit étendu, absolu, arbitraire, c'est certainement celui qui n'a d'autres limites que les omissions possibles, c'est celui qui n'a d'autres bornes que le bonheur de ceux à qui il est conféré; car il n'a pour mesure que leurs besoins, leurs désirs, j'ajouterai même leurs caprices..... ; car qui peut dire en quoi consistent les omissions, qui peut dire en quoi consiste le bonheur?

Concluons donc que la substitution n'existe pas, détruite qu'elle est par le droit de disposer, conféré aux trois légataires.

Et ce droit, Messieurs, ne doit pas vous paraître extraordinaire : il était, vous allez le voir, dans la nécessité même des choses.

Le père et la mère ne possèdent rien au monde; c'est le testateur qui l'écrit en toutes lettres : leur fils veut leur léguer de quoi vivre ; il leur laisse tout son bien; mais il ne leur donne par le fait qu'une propriété de luxe, plus onéreuse qu'utile. Le lendemain de sa mort, ils eussent donc été forcés de vendre le bien légué *pour vivre*, c'est-à-dire, je pense, pour accomplir le premier vœu du testateur, si M. et Mme Cabanne n'eussent pas consacré toute leur fortune à l'amélioration de la propriété et ne l'eussent ainsi rendue avantageuse, à leurs dépens.

Maintenant et sous l'empire de cette nécessité, vérifions le droit par le fait.

Admettons qu'au lieu de pouvoir aider son beau-père par son

travail ou ses emprunts, M. Cabanne n'ait pu venir à son secours.....; admettons qu'il ait fallu vendre Auteuil, non pour payer les dettes de la succession, mais pour faire vivre M. et Mme Garnerey.... Admettons qu'on l'ait vendu et qu'on en ait placé l'argent soit en rentes perpétuelles, soit en rentes viagères..... Croyez-vous que le concours des trois volontés, que l'accord des trois légataires n'eût pas suffi? Croyez-vous qu'une acquisition faite sur la foi d'un pareil testament n'eût pas été stable? Croyez-vous que les créanciers de Mme Cabanne eussent pu la faire annuler?

Evidemment non : évidemment de pareilles dispositions sont permises par le testament.

Il faut donc admettre que la charge de conserver n'existe pas, et que dès lors il n'y a pas substitution prohibée.

On peut, si on veut, reconnaître qu'elle a d'abord été écrite; mais il faut reconnaître aussi qu'elle porte dans son sein des dispositions contraires à son essence, et qui sont plus fortes qu'elle, parce qu'elles sont légitimes, et qu'elle, elle est illégale.

Voyons maintenant si ce droit de disposer ne va pas plus loin encore que nous ne l'avons dit jusqu'à présent, et s'il ne frappe pas au cœur la disposition même qui renferme la substitution qu'on vous dénonce.

La clause sur laquelle j'appelle votre attention est la première; c'est celle qui finit par ces mots : *m'en reposant toutefois* POUR CETTE DISPOSITION *sur la sagesse et l'équité des trois légataires ci-dessus nommés.*

Pour cette disposition! Pour laquelle je vous prie? Avant les mots que je viens de lire, il n'y a qu'une phrase, une seule, et cette phrase, la voici :

Je donne et lègue en tout et sans partage à mon père et ma mère au dernier vivant tout ce que je possède en biens, meubles et immeubles, argent comptant, etc.; à la condition expresse de le laisser après eux à ma sœur chérie Pauline Cabanne, ou, s'ils avaient le malheur de la perdre, comme si ma sœur Pauline se trouve possesseur de ce bien et en dispose, je désire que ce soit en faveur de mon frère Hippolyte Garnerey, qui est en ce moment en Amérique, et que je connais trop peu pour pouvoir justement rien disposer pour lui; et qu'une moitié de ce bien aille aux enfans de ma sœur, si elle en a; m'en reposant, etc.

Maintenant à quoi s'appliquent les derniers termes : *cette disposition?* Est-ce à toute la disposition, ou seulement au dernier membre de la disposition?

Je dis qu'ils s'appliquent à toute la disposition, et regardent indifféremment tous les cas prévus par cette disposition, et je vais plus loin; je prouve que la restriction au dernier membre de la phrase serait absurde.

En effet, le testateur exige *le concours des trois légataires :* or, dans le cas prévu par le dernier membre de la phrase, il ne pourra jamais y avoir concours des trois légataires, puisque l'hypothèse prévoit le cas de mort ou d'un seul ou de deux.

Lisez cette hypothèse : elle parle de la dévolution pour moitié à M. Hippolyte et pour moitié aux enfans de Mme Cabanne. Or, cette transmission ne peut avoir lieu que dans deux cas : 1° si Mme Cabanne meurt, et alors M. et Mme Garnerey disposent seuls; 2° si M. et Mme Garnerey meurent, et alors Mme Cabanne dispose seule.

Dans le premier cas, il n'y aura que deux légataires qui disposeront;

Dans le deuxième, il n'y en aura qu'un seul.

Donc la clause finale qui exige le concours des trois ne s'applique pas aux deux cas dont nous venons de parler, ou au moins elle ne s'y applique pas d'une manière exclusive.

Quand donc retrouvons-nous le concours des trois légataires?

C'est lorsqu'il s'agit de la disposition au profit de Mme Cabanne. Alors en effet, et alors seulement, ils peuvent délibérer ensemble sur le mode ou sur l'époque de la transmission des biens.

Veuillez remarquer nos expressions : on nous a prêté des absurdités pour nous combattre plus facilement; on a dit que Mme Cabanne ne pouvait jamais être appelée à délibérer sur la question de savoir s'il y avait ou non une dévolution à son profit... Tel n'a pas été notre langage. Elle délibèrera sur le mode de la jouissance et sur l'époque de la dévolution : voilà uniquement ce que nous disons, ajoutant que par cela seul qu'elle est admise à cette délibération, que par cela seul qu'il y a sur ce point délibération autorisée par le testament, par cela seul il n'y a pas substitution : voilà ce que nous avons dit, voilà ce que nous répétons.

En effet, si le droit de régler le mode de cette transmission est établi et dépend des trois légataires, il s'ensuit que le testateur, après avoir établi un ordre invariable dans la première partie de la phrase, a, dans la deuxième partie, soumis cet ordre à des volontés qui peuvent le changer à leur gré, et dont l'intervention possible lui enlève dès lors le caractère de substitution prohibée.

Remarquez que nous ne tenons nullement à ce que la clause finale s'applique exclusivement à la première partie de la clause; il nous suffit qu'elle soit applicable à celle-là comme aux autres, et c'est surabondamment que nous avons montré qu'en la restreignant à une seule clause elle conduit à l'absurde.

Nous pouvons ajouter cependant que, dans le langage des lois, le mot *disposition* s'entend, non pas seulement de quelques volontés isolées, mais d'un ensemble de volontés ; on dit : *disposition testamentaire*, *disposition entre-vifs* , *disposition à cause de mort;* et cela est vrai surtout lorsque la phrase est d'un seul contexte, lorsque toutes ses parties s'enchaînent sans divisions et sans repos.

Certes, il n'y a pas de raison, en pareille circonstance, pour choisir un membre de la phrase plutôt qu'un autre, plutôt que tous : si même il y a doute, la clause doit être considérée comme s'appliquant indifféremment à tous les membres de phrase qui précèdent ; car, ainsi étendue, elle donne au testament une complète validité.

C'est donc là le sens qu'il faut lui donner, et ceci lève toute équivoque sur les mots *laisser après eux*, que nous trouvons dans le testament.

C'est sur eux seuls qu'on peut s'appuyer pour soutenir qu'il existe un ordre successif, c'est-à-dire l'un des caractères principaux des substitutions.

Or, si on combine ces mots : *Laisser après eux*, *avec le droit de s'entendre pour le bonheur de tous*, on comprend qu'ils ne renferment plus en eux, D'UNE MANIÈRE NÉCESSAIRE, *l'idée de la mort*, pour l'ouverture de la substitution; car il peut arriver que le bonheur de tous exige *la dévolution immédiate*, ou *dans un temps rapproché*, des biens composant la succession.

Ainsi, les trois légataires pourront croire *utile à leur bonheur* de ne laisser la jouissance des biens aux père et mère que jusqu'à un certain âge, de rendre alors les biens à Mme Cabanne, et de recevoir d'elle une rente viagère à cette époque. Ils pourront à l'avance fixer cet âge; ils pourront le fixer à l'ouverture même de la succession.

Un pareil pacte conserverait la *jouissance successive* et serait le résultat du *droit de s'entendre*;

Il serait donc l'exécution littérale du testament;

Il serait cependant diamétralement contraire à l'existence d'une substitution prohibée.

L'exécution littérale du testament est donc tout-à-fait opposée à la substitution !

On ne trouve celle-ci qu'en se bornant à une des clauses testamentaires; on s'en éloigne dès qu'on veut en consulter l'ensemble et assurer à toutes l'exécution qu'elles sont également en droit d'obtenir.

Or, je vous prie, est-ce une interprétation légitime que celle qui prend une seule partie du testament, qui l'isole, et qui, après l'avoir isolée, la commente et triomphe ?... Et la loi, comme le bon sens, ne vous dit-elle pas qu'un testament est un tout dont chaque partie s'éclaire du reflet que les autres lui jettent ?

S'il en est ainsi, donnons à chacune et à toutes une force égale, une égale exécution, et disons qu'avec le *droit de s'entendre*, l'obligation d'attendre le décès n'existe pas *nécessairement*; qu'il n'y a donc plus d'ordre successif. Disons en outre que le droit qui appartient au substitué lui est acquis au moment même de l'ouverture du testament, puisqu'il est appelé à en régler l'exercice, et qu'il n'y a pas dès lors substitution prohibée.

Jusqu'à présent, je n'ai envisagé le droit de disposer que comme détruisant l'obligation de conserver et l'ordre successif; veuillez me permettre de l'envisager, maintenant sous un autre rapport.

Je suppose que *l'ordre successif* soit établi par les mots *après eux;* je suppose que l'*obligation de conserver* sorte de l'*obligation de laisser*, et qu'à tout cela soit jointe encore la *condition de la mort;* et je dis qu'il serait contraire aux principes de conclure, sans autre examen, que le testament renferme NÉCESSAIREMENT une substitution prohibée. Car, ainsi que le dit très bien M. de Villargues, n° 127 : *Il est des dispositions qui présentent tous les résultats d'une substitution, mais qui, néanmoins, sont d'une nature différente, et paraissent dès lors devoir être soumises à des règles spéciales d'interprétation.*

On retrouve, en effet, les trois caractères dont nous venons de parler dans des dispositions que l'adversaire ne dira pas être des substitutions prohibées; j'en cite pour exemple le *legs avec accroissement* et la *disposition qui donne à l'un l'usufruit, à l'autre la nue propriété.*

Ces deux dispositions ont un caractère distinct de la substitution prohibée.

Le legs avec accroissement en diffère en ce que la propriété est considérée comme étant en suspens tant que le dernier mourant n'est pas indiqué par les décès successifs de tous les autres, tandis que, dans la substitution, la propriété repose de suite sur la tête des institués, et n'est pour le substitué qu'une espérance incertaine.

Et la disposition qui donne à l'un la nue propriété, à l'autre l'usufruit, diffère de la substitution en ce que les deux légataires ont chacun, dès l'ouverture du testament, un droit acquis à une certaine portion de la propriété, l'un sur les fruits, l'autre sur le fonds.

Dans ces deux genres de disposition, on trouve cependant que chacun des institués reçoit, à la mort de ceux qui sont institués avec lui, quelque chose qu'il n'avait pas auparavant :

Le nu propriétaire recueille l'usufruit;

Le légataire avec accroissement voit doubler ou tripler sa part par l'adjonction de celles délaissées.

On voit de plus que ceux qui jouissent les premiers sont tenus de conserver et de rendre.

Ces différentes circonstances ne sont donc pas des caractères exclusifs de la substitution prohibée.

Le seul caractère vraiment exclusif, c'est que le substitué n'ayant aucun droit sur la succession du donateur avant l'ouverture de la substitution, personne, pendant toute une génération, ne puisse disposer des biens qui la composent, et qui sont ainsi mis hors du commerce.

Si donc, examen fait du testament, vous trouvez qu'au décès du testateur, Mme Cabanne a eu un droit de disposition sur les biens substitués; si vous trouvez que M. et Mme Garnerey, réunis à elle, ont eu un droit plus grand encore; si vous trouvez que les deux institués et la prétendue substituée ont pu, étant d'accord, déterminer le mode de la jouissance et l'époque de la transmission, en restant dans les termes du testament et sans violer les intentions du testateur, vous devez conclure, sans aucune hésitation, qu'il n'y a pas substitution prohibée; c'est alors ou un legs d'accroissement aux trois légataires, ou un legs d'usufruit aux deux premiers et de nue propriété au troisième : ce n'est plus une substitution.

Or, ce droit de disposer, dans les circonstances que je viens d'indiquer, j'ose croire que vous ne le mettez pas en doute. Je vous ai montré en combien d'endroits il est écrit, combien il est large, absolu ; je vous ai montré qu'avant d'être dans les termes du testament, il était dans la nature des choses, et il importe peu qu'on le restreigne à quelques uns des biens ou qu'on l'étende à tous : dans l'un comme dans l'autre cas, la conclusion logique est toujours la même.

Peu nous importe sans doute dans quelle nature précise de dispositions vous rangerez les clauses testamentaires qui vous sont déférées; peu nous importe même que vous y trouviez, comme il arrive souvent dans les actes des personnes étrangères à l'étude du droit, un mélange de dispositions de différentes natures : ce qui nous importe, c'est qu'on puisse y voir autre chose qu'une substitution prohibée. Veuillez me permettre néanmoins de rechercher le caractère de quelques unes des clauses de ce testament; cet examen rendra plus sensibles encore les sentimens qui animaient le testateur, et vous mettra à même de mieux saisir l'ensemble de ses volontés.

Je trouve d'abord certains caractères des legs d'accroissement.

Ainsi ces mots si souvent répétés : *mes trois légataires ;*

Ainsi cette *libre disposition qui résulte de leur concours*, et qui est abandonnée à leur sagesse, à leur prudence et à leur bon accord ;

Ainsi, *les motifs* du testateur.... c'est lui qui les donne ! Voyez comme il unit ses trois successeurs par des expressions qui sont identiques pour le sens qu'elles renferment, mais qui, dans leurs développemens successifs, renchérissent les unes sur les autres et s'arrêtent à Mme Cabanne, en l'assimilant à ce que les hommes ont de plus cher au monde, à l'objet de tous leurs vœux, au mobile de tous leurs travaux, à un enfant chéri :

Je dois ce que je fais ici à mon père pour le soutenir dans ses vieux jours... à ma mère, pour ses vertus, sa bonté, l'attachement et les soins qu'elle m'a prodigués toute ma vie... à ma sœur, comme à l'enfant chéri et d'adoption de mon cœur.

Ainsi cette *succession de la jouissance* allant du premier mourant des père et mère au survivant, et du survivant à Mme Cabanne

Ainsi, dans toutes les parties du testament, cette *union des trois légataires*, si forte, si intime, qu'il ne parle jamais de l'un des trois sans que les deux autres arrivent immédiatement ;

Ah! j'ose le dire, c'est un même amour qui les appelle, un même titre qui les réunit, un même rang qu'il leur donne.

Et l'on ne peut même objecter que les biens sont légués au père et à la mère *en tout et sans partage*... ce qui entraîne l'exclusion de Mme Cabanne.

En effet, cette expression était familière au testateur, et il l'employait sans en bien fixer le sens : j'en trouve la preuve dans la troisième phrase du testament où il dit en faveur de sa belle-mère :

C'est donc une dette sacrée pour moi que de lui laisser CE QUE JE POSSÈDE EN TOUT ET SANS PARTAGE.

Certes voilà une disposition précise, formelle; on ne soutiendra pas cependant qu'elle doive exclure le père : or, si, dans la troisième phrase, la clause du *sans partage* n'exclut pas M. Garnerey, comment et pourquoi dans la première exclurait-elle Mme Cabanne?

Je vais plus loin.

Les trois légataires étaient, aux yeux du testateur, tellement réunis, tellement confondus, que dans une partie de son testament il s'imagine qu'elles ne font qu'une seule personne.

Après avoir donné une foule d'objets à quelques uns de ses amis, il arrive à une chose qui est sa propriété plus intime, plus personnelle que les autres, à la médaille d'or, témoignage de ses victoires d'artiste, et voici comme il la donne :

Ma médaille d'or est seule exceptée, et sera remise A LA MÊME PERSONNE *que le reste de mon bien.*

A la même personne!

Et à laquelle, je vous prie? Où est-elle celle-là qui *seule* doit, à *l'ouverture de son testament*, recueillir le reste de son bien?

Où est celle qui *seule* alors peut se présenter pour obtenir la médaille?

Qui osera faire à ce moment un choix entre le père, la belle-mère et la fille, LA FILLE DU COEUR, car ce sont les noms qu'il lui donne?

Si aucun *choix exclusif* n'est possible, si les trois légataires ont des droits égaux à cet objet, disons qu'ils en ont aussi d'égaux à tous les autres; que le testateur les a confondus les uns avec les autres, et qu'ayant un même rang dans son cœur, ils en ont eu un semblable dans son testament.

Voulez-vous qu'il y ait un choix à faire, et que, sondant les mystères de la pensée nous y cherchions à qui des trois légataires doit être accordée la prééminence? Eh bien, Messieurs, je le dis sans crainte d'être démenti, c'est en faveur de la personne *substituée* que cette préférence éclate!

Je ne vous rappellerai ni cette dot si libéralement offerte que le donateur est à quelque temps de là forcé d'emprunter pour acheter le terrain qu'il désire; ni ce nom, le plus doux des noms, de sa fille du cœur; ni cette page si brillante et si touchante à la fois de sa correspondance d'Italie : tout cela est présent à vos esprits... qu'il me soit permis seulement d'en confirmer le sens et la portée par une inscription qui a la même date que son testament. Voici, Messieurs, son calepin de voyage, et à la date du 10 décembre 1821 vous verrez le nom seul de sa sœur associé à l'idée de ses dernières volontés : on y lit : *ma sœur, testament...* Mais laissons ces documens étrangers, rentrons dans cet acte dicté par l'amour filial le plus pur et par l'amitié fraternelle la plus tendre. Eh! n'y voyez-vous pas que c'est *surtout à la sagesse et la prudence de sa sœur* qu'il abandonne le soin de tester pour lui, s'il en est besoin, *surtout pour le bonheur de ses parens?* Ne voyez-vous pas que c'est à elle, que c'est à ses mains fidèles, qu'il laisse ce précieux dépôt; que c'est pour ainsi dire sous la tutelle de sa sœur qu'il place et son père et sa mère, et qu'elle n'apparaît à ses yeux que sous la forme d'un ange à qui est confiée la garde de leur bonheur?.. Y a-t-il maintenant du doute sur la préférence et sur le rang?

Je vous ai parlé tout à l'heure, Messieurs, de l'usufruit et de la nue propriété comme pouvant être divisés, l'usufruit reposant sur la tête de M. et de Mme Garnerey avec accroissement, la nue propriété sur celle de Mme Cabanne.

Le testament peut aussi se prêter à cette interprétation, et, comme j'ai eu l'honneur de vous le dire, c'est ainsi que le fisc l'a entendu; ainsi que l'ont entendu les notaires qui ont redigé l'inventaire : c'est ainsi que le partage a été fait, ainsi que l'ont compris les tiers avec qui on l'a traité.

Ce mode d'interprétation résout toutes les difficultés que peut présenter le texte du testament.

Il faut en effet, dans les premières clauses de cet acte, reconnaître *le désir* du testateur que la jouissance soit successive : je dis le désir, parce qu'abandonnant ensuite le mode de partage à la sagesse et à l'équité des trois légataires, il réduit à un simple désir la condition primitive de l'institution ; mais ce désir n'en a pas moins été manifesté.

Or, à côté de ce désir, on ne peut nier que la faculté de disposer ne soit accordée à Mme Cabanne, soit pour compléter le testament, soit pour assurer le bonheur du père et de la mère.

Il faut donc, à peine de méconnaître les intentions de M. Auguste Garnerey, trouver un mode qui, tout en conservant à Mme Cabanne le droit de libre disposition sous certaines conditions, conserve néanmoins à M. et à Mme Garnerey la jouissance complète de toute la succession; car ce sont là les deux idées capitales du testament.

Or, dans le sens d'une substitution, la faculté de libre disposition n'existe pas au profit de Mme Cabanne: dans ce cas, elle ne possède rien, elle ne possèdera même jamais rien si elle meurt avant ses parens : de quoi pourrait-elle donc disposer en leur faveur?

Il y a donc, au cas de substitution, une partie du testament qui est inexécutable, impossible, absurde.

Au contraire, dans le sens d'une nue propriété dès à présent acquise, d'un droit certain dès à présent assuré sur sa tête, tout devient possible. Cette nue propriété, elle peut l'hypothéquer, la vendre, l'échanger. Le produit peut venir en aide à ses vieux parens; non seulement il augmentera leur aisance, mais il y a tel événement qui peut le rendre nécessaire à leur existence.

Si l'habitation est détruite par le feu du ciel, si les fruits de la

terre viennent à manquer, si les locataires sont insolvables..... qui nourrira M. et Mme Garnerey? Car, retenez-le bien, c'est le testateur qui le dit : *Ils sont sans bien, sans appui, sans secours*......
Qui les nourrira, et avec quoi?

Leur fille avec un emprunt sur la nue propriété; avec la vente de tout ou partie de cette nue propriété, c'est-à-dire avec l'exercice d'un droit que refuse la substitution.

Que vous semble maintenant de la disposition d'esprit du testateur? En présence de ces éventualités qu'il prévoyait, puisqu'il savait que ses père et mère étaient sans ressources, quelles, croyez-vous, ont dû être ses intentions?

Penserez-vous les suivre en disant qu'il a voulu lier les mains et ne rien donner à celle qu'il chargeait du bonheur de ses parens? à celle qui devait, par ses dispositions, suppléer à ce que lui-même pourrait avoir omis dans son testament, dispositions qui sont immédiates et doivent accompagner l'ouverture même de l'acte testamentaire? Non, évidemment. Mais vous les exécuterez fidèlement au contraire, si vous laissez à sa sœur, à sa fille, le droit de sauver son père et sa mère de l'indigence, ou même d'embellir leur sort : or cela ne peut être mis à exécution que si elle peut disposer de la nue propriété.

Ainsi, laissez aux uns l'usufruit, à l'autre la nue propriété, et vous conciliez toutes les idées du testateur; vous trouvez par là la réalisation de tout ce qu'il a voulu :

1° Jouissance commune du père et de la mère sans partage;

2° Dévolution au survivant;

3° Dévolution après eux à Mme Cabanne;

4° Droit de disposition pour compléter son testament;

5° Droit de disposition pour le bonheur des père et mère;

6° Possibilité du concours et de l'accord des trois légataires;

7° Effet certain et légal attaché à leurs résolutions.

Tout ne s'y trouve-t-il pas?

Au contraire, admettez la substitution, et vous faites que pour quelques clauses il y a possibilité d'exécution, et que pour les autres il y a impossibilité.

Or, entre ces modes d'interprétation, peut-il y avoir du doute?

Cette manière d'envisager le testament a aussi un autre avantage : c'est qu'elle assure son entière exécution, non seulement dans la partie qui donne et appelle, mais encore dans la partie qui repousse et qui exclut.

En effet, Messieurs, deux idées principales conduisaient alors la main de M. Auguste Garnerey :

La première était de venir au secours de ceux qui l'avaient toujours aimé et que lui-même chérissait avec tant d'amour.

La deuxième était de disposer de sa fortune de telle manière que jamais il n'en arrivât une parcelle à son frère Louis Garnerey.

C'est ce qu'il dit expressément; écoutez-le :

Il est bien et positivement entendu que ces dispositions sont toutes à l'exclusion entière et totale de mon frère aîné Louis Garnerey dans aucune part de quoi que ce soit de ma succession.

Or, dans le sens d'une substitution, il y avait un cas où son frère pouvait être appelé à recueillir une partie de son hérédité ; c'est celui où M. Garnerey aurait survécu à sa femme et à sa fille : lors même que dans ce cas, pour exécuter la volonté complète d'Auguste, le père eût voulu donner à un tiers, la loi retenait une quotité notable pour son fils Louis.

Au contraire, dans le cas de l'usufruit et de la nue-propriété, cette chance n'était pas à craindre, puisque Mme Cabanne laissait alors tous ses droits ou à ses enfans ou à ceux qu'elle voudrait choisir.

Il faut donc reconnaître que la manière dont le testament a jusqu'à présent été entendu par tout le monde est plus conforme à toutes les idées du testateur, soit que l'on consulte ses sentimens d'affection, soit que l'on interroge ses sentimens de répulsion ; et comme d'une autre part elle satisfait mieux à toutes les combinaisons des clauses testamentaires, elle doit évidemment être choisie.

Avant de terminer, permettez-moi, Messieurs, de vous dire un mot sur le *titre* que le testateur donne en plusieurs endroits de son testament à M. et Mme Garnerey et à Mme Cabanne. Je crois qu'il n'est pas inutile pour l'appréciation de ses volontés.

Vous avez vu, en effet, qu'il les appelle sans cesse *mes trois légataires ;* qu'entre eux il ne met aucune distinction, et que cette qualification conserve à ses yeux la même force, soit qu'il l'applique à Mme Cabanne, soit qu'il l'applique à M. et à Mme Garnerey.

Or, il est facile de montrer qu'à ses yeux ce mot ne voulait pas dire seulement *légataire substitué ;* qu'il voulait dire plus même que *simple légataire;* et s'il en est ainsi, il faudra convenir qu'on ne peut reléguer Mme Cabanne dans l'éloignement et l'incertitude d'une substitution.

La démonstration en est évidente :

La première phrase où nous le trouvions vient après la disposition qui appelle dans un ordre déterminé M. Garnerey, Mme Garnerey, Mme Cabanne, M. Hippolyte et les enfans de Mme Cabanne.

On veut y voir deux institués et trois substitués.

Or, de ces trois substitués, Mme Cabanne est la seule qui reçoive par excellence le titre de *légataire*, la seule comprise dans ces mots : *mes trois légataires*, la seule qui reçoive un titre que le testateur lui rend commun avec les institués.

Ici le mot *légataire* veut donc dire quelque chose de plus que légataire substitué.

Si, de la première phrase du testament nous passons à la dernière, les mots : *mes trois légataires* s'y retrouvent encore ; mais ici ce n'est plus après trois substitués qu'ils arrivent; c'est après vingt légataires ordinaires.

Parmi ce grand nombre d'appelés, trois seulement sont choisis, trois à qui le testateur donne le nom de *légataires*. Ce mot a-t-il ici sa signification vulgaire? Non ; car ce n'est pas seulement pour recueillir qu'ils le possèdent, c'est pour donner aux autres, c'est pour tenir lieu du testateur, c'est pour le remplacer; c'est même pour tester à sa place dans ce qu'il peut avoir omis.

Ce sont donc des légataires d'une nature particulière; ce sont, il faut le dire, des *légataires universels* établis avec un certain ordre entre eux, et ce caractère se retrouve encore dans l'hypothèse de la vente de ses biens et dans la distribution des marques de son affection; ils décident de l'une, ils président à l'autre.

Sans doute il y a dans tout cela des mots, des phrases, des dispositions qui peuvent contrarier cette appréciation; mais si la plume de l'artiste n'a pas été dans le choix de ses expressions juridiques aussi sûre que l'aurait été son pinceau dans le choix de ses couleurs, elle a cependant, il faut le reconnaître, tracé un ensemble de dispositions dont l'esprit se comprend parfaitement, et qui empêchera son œuvre d'être méconnue et sa volonté d'être mise en oubli. Et puisque le legs de nue-propriété et le legs d'usufruit assurent l'exécution pleine et entière de cette volonté, il faut dire que tel est le caractère de l'acte dont nous vous demandons l'exécution.

Ici pourtant se place l'objection que mon adversaire a bien voulu qualifier d'insoluble :

Si Mme Cabanne a la nue-propriété dès l'instant où la succession sera ouverte, elle la transmettra tout entière à ses enfans en cas de mort. Or, le testament prévoit ce cas; et, loin de donner alors la nue-propriété tout entière aux enfans, il donne à M. et Mme Garnerey le droit d'en disposer, et les prie même de donner la moitié des biens à M. Hippolyte et l'autre aux enfans.

A cette objection nous répondrons qu'en effet, le testateur dispose ainsi, mais que le cas qu'il prévoit n'est pas celui *de l'objection* : le cas qu'il prévoit, c'est celui où madame Cabanne décèderait avant d'avoir recueilli, décèderait avant l'ouverture du testament; n'ayant rien reçu, elle ne pourrait rien transmettre, et la prière faite à M. et madame Garnerey est alors la chose la plus simple et la plus naturelle.

C'est une jurisprudence constante d'interpréter ainsi les clauses qui, par leur ambiguité, peuvent supposer le cas de mort avant et après l'ouverture du testament (1).

C'est donc bien gratuitement que l'adversaire a supposé qu'avant de présenter le testament aux honorables jurisconsultes dont la consultation vous a été distribuée on avait eu le soin de lui faire subir une adroite mutilation.

Si mon adversaire avait voulu lire les premiers mots de cette savante consultation, il aurait vu ces termes :

Le conseil soussigné, consulté sur la question de savoir si le testament dont COPIE EST CI-JOINTE.....

S'il avait voulu aller jusqu'au paragraphe 3, il aurait lu en entier le membre de phrase qu'il prétend avoir été tronqué, et je m'étonne qu'il lui ait échappé, car il est souligné dans son exemplaire : on y lit :

Et qu'on ne dise pas qu'il y a du moins une substitution fidéi-commissaire bien cacactérisée dans le second membre de la même disposition : *Si ma sœur Pauline se trouve possesseur de ce bien et en dispose, je désire que ce soit en faveur de mon frère Hippolyte et qu'une moitié de ce bien aille aux enfans de ma sœur si elle en a.*

Cette injure gratuite, faite à M. Cabanne, est donc le résultat d'une bien singulière inadvertance (2).

J'ai fini, Messieurs, et je n'ajoute plus qu'un mot.

J'ose espérer avoir porté la conviction dans vos esprits : que si néanmoins vous pouviez être arrêtés par les objections que nos adversaires ont appuyées sur une clause isolée du testament, il faut reconnaître que ces objections peuvent tout au plus vous amener à des doutes.

Or, vous avez, pour les combattre, les raisons que je viens de développer devant vous; le concert, jusqu'à présent unanime, de tous ceux qui ont été appelés à voir le testament; l'interprétation du fisc, des notaires, de l'inventaire, des tiers avec lesquels on a

---

(1) Voir la *note* qui est mise à la fin de ce plaidoyer.

(2) Voir dans la seconde annexe la consultation de M. Guichard père, à laquelle, indépendamment des avocats cités plus bas, M. Dalloz a donné son adhésion motivée.

traité, des savans avocats Teste, Guichard, Dupont Wilhe, Duvergier; l'approbation formelle de M. Hippolyte; l'approbation tacite de M. Louis; l'exécution paisible pendant quatorze ans.....

Tout cela ne suffit-il pas? Le doute règne-t-il encore? Mais le doute, c'est pour nous la victoire!

Si notre interprétation fait naître le doute, les principes veulent qu'elle soit adoptée, parce qu'elle fait valoir le testament, tandis que celle de nos adversaires le tue; parce qu'elle suppose le respect pour la loi, tandis que celle de nos adversaires en suppose au contraire la violation. Cette règle est consacrée par l'opinion de tous les auteurs et d'innombrables monumens de jurisprudence (1).

Voilà, Messieurs, tout ce que j'avais à vous dire : vous respecterez, j'en suis certain, la volonté d'Auguste Garnerey.

Veuillez, dans votre délibération, vous rappeler que pour l'accomplissement de ses idées, il était complètement inutile qu'il eût recours à une disposition prohibée puisqu'il pouvait y arriver à l'aide d'une disposition très légale;

Veuillez vous souvenir que la volonté d'un testateur mérite quelques égards; que Garnerey a voulu assurer à une mère dévouée le pain nécessaire à ses vieux jours, *lui payant en cela une dette sacrée*, et que la demande a pour but de réduire à la misère celle dont la vie a été pour lui un acte perpétuel de dévouement, celle aux vertus de laquelle la correspondance tout entière de nos adversaires a rendu un continuel hommage;

Veuillez vous souvenir encore que son but a été de donner à sa sœur, *à sa fille du cœur*, une marque de son inaltérable attachement, et que la demande a pour but de la lui ravir;

Enfin, demandez-vous si, en donnant le signal de l'odieux

---

(1) Voir la *Note* qui est à la suite de ce plaidoyer.

procès intenté à la fille et à la mère, Louis Garnerey n'a pas prouvé jusqu'à l'évidence que le testateur l'avait bien jugé (1)!

Je persiste dans mes conclusions.

---

(1) M. Garnerey sait parfaitement qu'à raison des avances faites par M. et Mme Cabanne, il aurait peu de chose à gagner dans ce procès : mais si sa demande était accueillie, sa belle-mère serait ruinée; sa sœur verrait vendre la maison d'Auteuil ; une liquidation et parconséquent de longues tracasseries s'en suivraient..... Lisez le testament, et vous comprendrez, avec cet indice, le but du procès. Que serait-ce si, comme l'ont dit M. et Mme Louis Garnerey à deux personnes honorables dont le nom sera cité au besoin, parce qu'ils le leur ont dit sans recommander le secret, que sera-ce si à ces motifs se joignent une spéculation étrangère et la garantie des frais ?

NOTE.

Nous avons pensé qu'il ne serait pas inutile de réunir dans une note quelques unes des espèces les plus remarquables en matière de substitution : le tribunal y trouvera la confirmation de tous les principes que nous avons posés; dans les uns il trouvera l'appréciation de la charge de *rendre*, de *laisser*, de *transmettre*, celle de la *réversibilité*, du *retour*, etc.; dans les autres, l'influence *du droit de disposer* en tout ou en partie; dans tous il trouvera écrit ce principe que, dans le doute, la disposition doit s'interpréter dans un sens légal de préférence au sens prohibé, quoique celui-ci soit évidemment plus apparent que l'autre : la *possibilité* du sens légal détruit l'*existence* du sens illégal. Il est inutile d'ajouter que nous n'avons pas la prétention de donner ici un recueil complet des arrêts de la matière ; nous n'offrons qu'un *specimen* de l'esprit qui les a dictés.

§ Ier.

DROIT D'ACCROISSEMENT.

PREMIÈRE ESPÈCE.

Le testateur institue plusieurs héritiers et ajoute : *Entendant que toute ma succession, tant mobilière qu'immobilière, soit partagée également entre eux, et que, dans le cas de décès de l'un ou de plusieurs, leur portion accroisse aux autres, s'ils sont décédés sans postérité et sans en avoir disposé.*

Cette disposition, dit M. de Villargues, qui supposait bien que les prémourans recueilleraient d'abord, et qui même, dans ce cas, ordonnait l'accroissement, fut attaquée comme renfermant substitution prohibée; mais un arrêt de la cour de Rouen, du 10 juin 1814 (Sirey, 14, 2, 302), a jugé qu'au lieu d'une substitution il n'existait réellement qu'un droit d'accroissement éventuel, successif, lequel, d'après les articles 723 et 1044 du Code civil, peut seulement être considéré comme illégal et susceptible de l'application de l'article 900 du même Code, mais n'annule pas l'institution.

Et la Cour de cassation a rendu le 3 juin 1823, affaire Saint-Roman, un arrêt qui consacre implicitement la même doctrine.

(Rolland de Villargues, p. 180.)

DEUXIÈME ESPÈCE.

TESTAMENT DE L'AN XII.

Après avoir institué plusieurs héritiers par une seule disposition, le testateur ajoute : *Je veux que si quelqu'un d'eux venait à décéder sans enfans, sa portion soit réversible sur les autres héritiers.*

Arrêt de Riom, qui décide qu'il n'y a pas là substitution prohibée.

Pourvoi.

ARRÊT DE LA COUR DE CASSATION.

La Cour :

Attendu que la clause du testament ne contenant point la clause expresse *de conserver et de rendre,* condition qui caractérise les substitutions fidéi-commissaires prohibées par l'art. 896 du Code civil, les juges ont pu, en interprétant la clause, l'assimiler à une substitution vulgaire, non prohibée par nos lois, et encore au *droit d'accroissement* d'après la disposition de l'article 1044, et qu'en jugeant ainsi ils ne se sont pas mis en opposition avec l'art. 896,

Rejette.

10 janvier 1821.—Sirey, 21, 1, 385.

TROISIÈME ESPÈCE.

TESTAMENT DE 1827.

Demoiselle Billouard fait son testament, par lequel elle institue d'abord son frère légataire pour un tiers.

Les deux autres tiers sont légués à deux neveux, dans les termes suivans : Je lègue le deuxième tiers à Auguste Taveau, mon neveu, *réversible* sur sa femme Aimée Thibault, ma nièce, et ses enfans. Je lègue le troisième tiers à P. Perreau, mon neveu, de même *réversible* sur la tête de sa femme, ma nièce, et sur ses enfans les plus malheureux...

La Cour royale de Paris et la Cour de cassation n'ont pas vu là l'obligation de conserver et de rendre.

ARRÊT DE LA COUR DE CASSATION.

Attendu que l'obligation de conserver et de rendre n'étant pas littéralement exprimée, la disposition ne peut être annulée que dans le cas où, contenant évidemment une substitution, il ne serait pas possible de lui donner un autre sens : le doute doit toujours être interprété en faveur de la disposition ;

Attendu, en fait, que la testatrice a légué le tiers de ses biens à son neveu, *réversible* sur la tête de sa femme et sur ses enfans, et que ce legs est susceptible de deux interprétations; qu'il peut être considéré comme contenant l'obligation de conserver et de rendre; mais qu'il peut aussi s'entendre du cas de décès du légataire avant la testatrice, et que la Cour royale de Paris a pu dès lors le juger ains sans violer aucune loi,

Rejette.

24 mars 1829. — Sirey, 29, 1, 292.

§ 2.

CHARGE DE CONSERVER ET DE RENDRE.

PREMIÈRE ESPÈCE.

TESTAMENT DE 1828.

M. Lecomte donne à Louis Charles et à Louis François, ses neveux, pour en jouir comme de chose leur appartenant, la nue propriété d'un pré, et ajoute :

1° Si mes neveux viennent à décéder avant leurs femmes, je substitue leurs enfans;

2° Si, après le décès de mes neveux, les enfans venaient à décéder, les femmes de mes neveux ne succéderaient pas à leurs enfans, mais *la donation retournera* aux cohéritiers de mes neveux.

Jugement du 20 juillet 1819 qui annule comme substitution prohibée.
16 novembre 1830, arrêt infirmatif de la Cour de Caen.
Pourvoi, rejet.

ARRÊT DE LA COUR DE CASSATION.

Considérant que le testateur, quand il déclare que ses neveux jouiront de ce pré comme de chose leur appartenant, leur en attribue ainsi la libre disposition et ne les charge point de conserver et de rendre cette propriété à des tiers;

Que s'il a admis l'hypothèse où ses petits-neveux et même les cohéritiers de ces derniers pourraient recueillir ce pré, l'arrêt attaqué a pu en conclure que le testateur n'a fait qu'une de ces dispositions connues dans le droit romain sous la dénomination de disposition : *De eo quod supererit*, qui n'était point regardée comme une substitution, l'institué jouissant alors de la faculté de disposer de tous les biens qu'il avait recueillis ;

Considérant enfin que l'obligation *de conserver et de rendre n'étant pas exprimée dans le testament*, cet acte ne pourrait être annulé que dans le cas où contenant une substitution, il serait impossible de lui donner un autre sens, *le doute devant toujours être interprété en faveur de la disposition*.

5 Juillet 1832. — SIREY, 32, 1, 430.

Ainsi ces mots : *la donation retournera*, n'équivalent pas à la charge de conserver et de rendre.

DEUXIÈME ESPÈCE.

TESTAMENT DE 1831.

J'institue pour mon légataire universel le fils de mon frère, à la charge par lui de rendre à l'aîné de ses enfans mâles tous les biens qu'il recueillera en vertu dudit legs universel ; dans le cas *où mondit légataire universel* viendrait à décéder sans enfant mâle, *je lui substitue mon beau-frère, le marquis de la Douze, pour recueillir l'entier effet du susdit legs universel..... Je nomme, en conformité de l'art.* 1055, *Louis de Bouilhac mon frère pour tuteur*.

Les héritiers du sang disaient : Il y a dans la deuxième substitution une substitution prohibée, car le substitué n'est pas appelé pour le cas où le fils du frère viendra à décéder avant lui, mais dans le cas où *sondit légataire universel* décèdera, ce qui suppose que la qualité de légataire a reposé sur sa tête. Loin de dire que c'est pour le cas : *s'il meurt avant moi*, le testateur se sert de ces mots précis : *Je le substitue* POUR RECUEILLIR L'ENTIER EFFET *du susdit legs* universel, ce qui suppose que le legs universel aura déjà saisi le neveu. De plus, il nomme un tuteur à substitution ; or, cette nomination, qui ne peut être faite qu'en vue d'une substitution fidei-commissaire, s'applique aux deux qui précèdent puisqu'une seule clause les renferme et qu'elles ne sont séparées que par un point et virgule.

Le tribunal de Tulle, la Cour royale de Limoges et la Cour de cassation n'ont pas vu là la charge de conserver et de rendre.

ARRÊT DE LA COUR DE CASSATION.

Attendu que cette disposition ne contient *pas en termes formels la charge de conserver et de rendre*, qui, aux termes de la loi, caractérise les substitutions fidéi-commissaires, *et que cette charge ne se trouve pas non plus virtuellement et nécessairement* exprimée dans les termes dans lesquels la disposition est conçue ;

Attendu qu'après avoir recherché, ainsi qu'elle en avait le droit et le devoir, quelle avait pu être l'intention du testateur, et s'il avait voulu établir une substitution fidéi-commissaire, ou une substitution vulgaire, la Cour royale s'est déterminée par l'application du principe que, dans le doute, les dispositions testamentaires doivent s'interpréter plutôt *ut valeant quàm ut pereant* ;

Attendu enfin qu'en fondant la décisision sur l'application de ce principe, loin d'avoir violé l'art. 896 C. c. ni aucune autre loi, cette cour n'a fait que se conformer aux règles d'une saine interprétation,

Rejette.

24 juillet 1834. — Sirey, 34, 15, 577.

TROISIÈME ESPÈCE.

TESTAMENT DE 1820.

Tamisier institue Pierre-Alfred Tamisier, son fils, pour son légataire universel, et dit ensuite : *Mais dans le cas où il décèderait avant sa mère, j'entends que ses enfans, s'il en a,* SUCCÈDENT A SES DROITS, *et que, dans le cas où il n'en aurait pas, sa mère, mon épouse bien-aimée, recueille seule le fruit de ma succession et en dispose comme elle l'entendra.*

JUGEMENT DU TRIBUNAL DE LA SEINE.

Attendu qu'en principe les dispositions testamentaires doivent, à moins d'un vice manifeste, être entendues de manière à être exécutées, et que, dans le doute, le testateur doit être présumé avoir voulu se conformer à la loi ;

Attendu que la clause du testament du sieur Tamisier ne renferme ni expressément, ni nécessairement, la condition de conserver et de rendre ; qu'au contraire, la disposition peut être entendue dans ce sens que le testateur n'a institué les enfans Tamisier et la dame Tamisier, sa femme, que dans la supposition du prédécès de Tamisier fils et de ses enfans avant le testateur ; que dans cette supposition ainsi entendue, la clause ne renferme plus qu'une substitution vulgaire et autorisée.

25 février 1836.

Appel. — Arrêt de la Cour royale de Paris, qui adopte les motifs des premiers juges.

17 décembre 1836. — Sirey, 37, 2, 11.

QUATRIÈME ESPÈCE.

TESTAMENT DE 1818.

Je donne et lègue, pour jouir après mon décès, à Félicité-Marie-Jeanne Tourte, le 8e de mes meubles et immeubles dont il m'est permis de disposer par la loi, et, APRÈS SON DÉCÈS, LESDITS BIENS REVIENDRONT *aux enfans de Mme Salle, ma nièce.*

JUGEMENT DU TRIBUNAL DE LA SEINE.

Attendu que Praugier-Mallet, par ses habitudes et sa profession, était peu familier avec les termes propres à exprimer ses idées; que si son testament présente quelque ambiguité, il doit s'interpréter par l'ensemble de ses dispositions, par les circonstances propres à faire connaître sa volonté et de manière à lui faire produire effet;

Attendu que la manière dont est rédigée cette disposition fait voir que le testateur entendait principalement, et avant tout, que la propriété de ce 8e devait appartenir aux enfans de la dame Salle, et que la demoiselle Tourte en aurait seulement la jouissance sa vie durant ou l'usufruit, puisque après avoir légué cette jouissance à la demoiselle Tourte, il dit :.... *Et après son décès, lesdits biens reviendront aux enfans de la dame Salle....*, il marque, par ces expressions : *lesdits biens reviendront*, qu'il considérait, par une pensée préexistante, la demoiselle Tourte, comme légataire seulement de l'usufruit, après l'extinction duquel la propriété reviendrait aux mineurs Salle; qu'ainsi il ne charge pas la demoiselle Tourte de conserver et de rendre ce 8e aux enfans de la dame Salle; qu'il le leur donne directement, de manière que lesdits enfans *tiennent de lui immédiatement* ladite propriété, sans qu'elle appartienne d'abord à la demoiselle Tourte, comme grevée, et doive ensuite, après elle, passer aux mineurs Salle, comme appelés;

Que cette disposition ne présente pas les caractères d'une substitution;

Ordonne que le testament sera exécuté selon sa forme et teneur.

1er février 1821.

Sur l'appel, arrêt confirmatif de la Cour royale de Paris, du 28 mai 1821.

SIREY, 21, 2, 297.

CINQUIÈME ESPÈCE.

TESTAMENT DE 1809.

Je fais, nomme et institue mon héritier universel Claude Simon, mon petit-neveu... par qui je veux que la généralité de ma succession soit recueillie,... A LA CHARGE PAR LEDIT CLAUDE SIMON DE TRANSMETTRE *à tous ses enfans nés ou à naître de son ma-*

riage sans aucune distinction de sexe ni d'âge; et en cas que mon héritier universel fût troublé dans l'institution de ladite substitution, il sera libre de disposer de mon hérédité en faveur de qui bon lui semblera.

On disait pour les héritiers du sang que la première clause obligeant à transmettre, obligeait à conserver, et que la deuxième clause était nulle comme contraire aux lois en ce qu'elle tendait à assurer l'exécution d'une substitution prohibée; sans cela, disait-on, il n'y aurait plus de nullités possibles; la clause deviendrait de style; on citait la loi 55. ff. de leg. et fideic. : *Nemo potest in testamento suo cavere ne leges in suo testamento locum habeant;* on invoquait deux arrêts de cassation des 14 décembre 1825 et 30 juillet 1827.

Le tribunal de Briançon, la Cour royale de Grenoble et la Cour de cassation n'ont pas vu là l'obligation de conserver et de rendre.

ARRÊT DE LA COUR DE CASSATION.

Attendu sur le second moyen, tiré de la prétendue violation de l'art. 896 C. c. — En droit que, pour qu'il y ait substitution prohibée, il faut que l'héritier institué soit *chargé de conserver et de rendre;* — Et attendu, en fait, qu'on ne rencontre nulle part, dans le testament dont il s'agit, l'expression d'une pareille charge; que, loin de là, il résulte de ses dispositions que l'héritier est constitué seul juge et maître de transmettre ou de ne pas transmettre les biens héréditaires;

Attendu, *au surplus*, que le testateur, prévoyant le cas où son institution pourrait être critiquée, a levé tous les doutes en ordonnant expressément que le légataire serait le maître de disposer des mêmes biens comme bon lui semblerait; d'où la conséquence que ces biens sont demeurés libres et dans le commerce; qu'ainsi la loi prohibitive des substitutions n'a été violée *sous aucun rapport*, et que, l'ayant ainsi décidé, la Cour royale de Grenoble n'a fait à la cause qu'une juste application des principes de la matière,

Rejette.

8 juillet 1834. — Sirey, 34, 1, 751.

Ainsi, la Cour apprécie les deux clauses : elle ne voit pas l'obligation de conserver dans l'obligation de transmettre, et elle ne voit pas de nullité dans la libre disposition accordée comme clause pénale.

SIXIÈME ESPÈCE.

TESTAMENT DE 1826.

Je nomme pour ma légataire universelle Louise-Rosalie Poisson...

J'impose à ma légataire universelle la charge de rendre mes biens et capitaux de toute nature à ses enfans nés ou à naître, sans exception, jusqu'au deuxième degré.

Je grève mon legs universel des legs particuliers ci-après :

1°... 2°... 3°... *Je donne et lègue aux dénommés ci-après, une somme de 30,000 fr., si ma légataire vient à décéder sans enfans ni petits-enfans,* savoir : 18,000 fr. si ma légataire vient à décéder sans enfans ni petits-enfans. Les 18,000 fr. seront pour les enfans et petits-enfans à Frédéric, mon frère ; 2,000 fr. aux enfans ou petits-enfans : je veux que les 2,000 fr. soient placés au profit des petits-enfans de ma sœur ; 2,000 fr. aux petits-enfans de mon frère, etc.

On faisait remarquer que le testateur disposait au profit d'enfans qui n'existaient pas, sous la condition du décès de la légataire, et de plus, sous une condition de non existence d'enfans, ce qui rendait la disposition plus incertaine encore ; enfin, on montrait que tout cela ne pouvait avoir lieu pour le cas de *mort avant le testateur,* puisqu'il *grevait son legs universel,* ce qui supposait le cas où il serait recueilli : quant à l'obligation de conserver, elle résultait de celle de rendre la somme de 30,000 fr. reçue par la légataire, et de l'indication de placement.

La demande en nullité a été rejetée.

JUGEMENT DU TRIBUNAL DE LA SEINE.

Attendu qu'il est de l'essence de toute substitution qu'il y ait charge de conserver et de rendre ;

Attendu qu'aucune charge de cette nature n'est imposée à la demoiselle Poisson, à l'égard des individus appelés éventuellement au legs de 30,000 fr. ; qu'à leur égard, elle conserve la liberté entière de disposer des 30,000 fr. dont s'agit, et que ces individus n'ont qu'un droit de créance sur sa succession pour le cas où elle décèderait sans enfans ; que le caractère essentiel de la substitution ne se rencontre donc pas dans la disposition attaquée qui ne renferme qu'un legs conditionnel, une créance subordonnée à un événement incertain ; que dans le doute, il faudrait encore interpréter la disposition dans le sens qui la rend susceptible de recevoir son effet, *intelligendus est actus potius ut valeat quam ut pereat ;*

Mais attendu que les termes du testament ne laissent aucun doute sur le sens de ses dispositions ; que le testateur a expliqué formellement qu'il entendait grever le legs universel de substitution, au profit des enfans et des petits-enfans de la légataire ; mais qu'il a aussi expliqué formellement qu'il n'entendait conférer qu'un droit tout-à-fait éventuel sur les 30,000 fr. qui font l'objet de la contestation.

26 juin 1833.

Appel, arrêt de la Cour royale de Paris, du 7 décembre 1835, qui adopte les motifs des premiers juges.

Sirey, 36, 2, 86.

Déjà, le 21 décembre 1824, la Cour royale de Paris, chambres réunies, avait rendu un arrêt analogue.

Sirey, 25, 2, 74.

SEPTIÈME ESPÈCE.

TESTAMENT DE 1787.

Je veux et entends que ma succession soit partagée par moitié entre Mad. Marbotin et la veuve Feger, mes filles : je veux néanmoins que la veuve Feger n'ait que la jouissance sa vie durant, de la portion..., *laquelle je veux être réversible après le décès de ladite veuve Feger à Mad. Marbotin ou à son défaut à ses enfans*, la représentant ; et dans ce cas, et non autrement, que Mad. Marbotin prédécède ladite veuve Feger, *celle-ci aura la faculté de distribuer* A SON GRÉ *ladite portion aux enfans de la dame Marbotin.*

La Cour royale de Bordeaux n'a pas vu là de substitution prohibée, malgré la faculté de distribuer qui suppose la propriété, et l'obligation de rendre aux enfans, lors du décès.

Pourvoi et rejet.

ARRÊT DE LA COUR DE CASSATION.

Attendu qu'on ne trouve pas dans le testament que la disposition faite au profit de la dame Feger l'ait été à la charge de conserver et de rendre, ce qui est le caractère principal des substitutions fidéi-commissaires;

Attendu que l'arrêt attaqué en décidant qu'il ne résulte ni des intentions manifestées par le testateur, ni des expressions par lui employées que le testament renfermât une substitution fidéi-commissaire, et en déclarant au contraire que la disposition dont il s'agit constituait un simple droit d'usufruit, n'a point violé la loi et a fait une juste interprétation du testament.

20 novembre 1837. — SIREY, 37, 1, 968.

HUITIÈME ESPÈCE.

Donation entre vifs de la veuve Thouars au profit de la femme Ferret, avec cette condition que si la femme Ferret vient à mourir avant la donatrice, l'objet de la donation passera aux sieur et dame Ferret ses père et mère.

On disait : *la donation entre vifs saisit actuellement*; son objet entre dans les biens du donataire ; si le donateur en dispose pour le cas du décès de celui-ci, il dispose non pas de sa propre succession, mais de la succession du donataire. Il importe peu que le cas prévu mette son décès avant celui du donateur puisque celui-ci est dessaisi. — De plus, il est tenu de conserver, puisqu'il doit rendre : donc il y a substitution prohibée.

Arrêt de Poitiers qui maintient la donation.

3 avril 1818. — SIREY, 18, 2, 197.

NEUVIÈME ESPÈCE.

TESTAMENT DE 1821.

Je lègue l'usufruit à Paul, *et la nue-propriété à Pierre*, et *dans le cas où Pierre viendrait à mourir avant Paul*, PAUL JOUIRA DU DOMAINE PENDANT SA VIE, MAIS A SA MORT IL APPARTIENDRA A JEAN.

2 février 1825, jugement du tribunal de Fontenay, qui voit dans ces termes une substitution.

Arrêt de Poitiers, qui décide au contraire qu'il n'y a pas charge de conserver et de rendre.

21 juin 1825. — Sirey, 25, 2, 429.

§ III.

DROIT DE DISPOSER.

PREMIÈRE ESPÈCE.

TESTAMENT DE 1815.

J'institue pour mon héritier universel François Auberge, mon neveu, pour par lui jouir et disposer de l'hérédité en bon père de famille, *à la charge de rendre à ses enfans légitimes.*

Arrêt de la Cour royale de Montpellier, du 27 janvier 1818, qui déclare que le testament ne renferme pas de substitution prohibée par le motif que loin qu'on trouve dans la clause l'obligation de conserver l'hérédité, on y trouve une disposition contraire, puisque ledit Auberge est institué pour par lui jouir et disposer de l'hérédité en bon père de famille, ce qui est inconciliable avec l'obligation de conserver.

Cet arrêt a été maintenu par la Cour de cassation, le 12 mai 1819.—Sirey, 20, 1, 79.

Rolland de Villargues, p. 340, à la note.

DEUXIÈME ESPÈCE.

TESTAMENT DE 1807.

Gœpffert institue sa femme héritière de tous les biens qu'il laissera à son décès pour par elle en jouir, user et disposer à son décès en toute propriété et à l'exclusion de tous autres, ainsi et comme elle avisera bon être : mais il termine ainsi : *Je veux et entends que ma femme héritière instituée soit saisie par ma mort, de plein droit, de tous les biens, sans exception, qui composent ma succession, si ce n'est que le dernier vivant de nous soit tenu par son testament, que cette succession soit reversible à nos héritiers collatéraux d'où sont provenus les biens de chacun de nous, et partageables par égale part et portion entre eux.*

Pareil testament avait été fait par la femme au profit de son mari.

Jugement qui reconnaît la substitution prohibée ;

Mais arrêt de Colmar, du 6 février 1824, qui déclare qu'il n'y a pas là charge de conserver et de rendre, mais seulement *obligation morale* de tester d'après le mode indiqué.

Rolland de Villargues, p. 342, à la note.

CHAMBRE
NSTANCE.

Mercredi.

CONSULTATION.

Le Conseil soussigné, consulté sur la question de savoir si le testament, dont COPIE EST CI-JOINTE, contient une *substitution prohibée?*

A été d'avis de la négative.

§ I.

La substitution que l'art. 896 du Code civil prohibe et annule est celle dite *fidéi-commissaire*, c'est-à-dire celle par laquelle l'institué ou légataire est expressément chargé de *conserver* la chose à lui donnée, pour la *rendre* intégralement, après sa mort, à une autre personne désignée.

Dans l'art. 899, le législateur a soin d'avertir qu'une disposition par laquelle *l'usufruit* seulement serait donné à une personne, *et la nue-propriété* à une autre, ne doit pas être regardée comme une substitution prohibée; qu'elle est, au contraire, très valable.

Et une foule d'arrêts ont jugé que de quelque manière qu'une disposition testamentaire soit conçue, toutes les fois qu'on ne peut y voir en réalité que l'intention de donner simultanément à l'un la nue-propriété, à l'autre l'usufruit, il faut la respecter.

Cela posé, portons les yeux sur le testament dont il s'agit.

§ II.

On y voit que le testateur (Auguste Garnerey), commence par dire :

« Je donne et lègue en tout, et sans partage, à mon père et à « ma mère, au dernier vivant, tout ce que je possède en biens, « meubles et immeubles, argent comptant, etc., à la condition « expresse *de le* LAISSER, après eux, à ma sœur chérie, *Pauline Cabanne*..... »

S'il n'y avait que ces mots, on pourrait, de prime abord, voir dans cette disposition une donation de la *propriété* et de la *jouissance* des biens du disposant à la charge de les transmettre intégralement à Pauline Cabanne; et de là conclure qu'il y a une substitution prohibée.

Mais le testateur ne s'arrête point à la phrase ci-dessus; il l'explique, il la développe ensuite en ces termes :

« Comme si ma sœur Pauline se trouve *possesseur* de ce bien « et en *dispose,* je désire que ce soit en faveur de mon frère Hippolyte Garnerey, etc.....

« M'EN REPOSANT TOUTEFOIS, *pour cette disposition, sur la sa- « gesse et l'équité des* TROIS *légataires ci-dessus nommés.* »

Ici seulement toute la pensée du testateur est connue; il a entendu faire *trois* LÉGATAIRES à la fois et en même temps, savoir : son père et sa mère pour *l'usufruit*, et sa sœur Pauline pour *la propriété.*

Car, remarquez bien qu'après avoir donné tout ce qu'il possède à ses père et mère, il ne dit pas, *à la condition de le conserver et transmettre,* mais *à la condition de le* LAISSER, *après eux, à Pauline;* c'est-à-dire de laisser Pauline en pleine jouissance de la chose dont elle n'aura eu jusqu'alors que la nue-propriété.

Et la preuve que le testateur entend bien que, même du vivant de ses père et mère, Pauline sera *saisie* de cette nue-propriété; qu'elle en aura été saisie par lui-même et non par transmission des père et mère, c'est qu'il ajoute que quand Pauline se trouvera POSSESSEUR de ce bien, *si elle dispose,* etc....

Ce qui indique clairement que, dans la pensée du testateur, à la mort de ses père et mère, Pauline n'acquerra, de plus, que *la possession*, que *la jouissance* du bien dont elle avait déjà la nue-propriété.

§ III.

Et qu'on ne dise pas qu'il y a du moins une subtitution fidéi-commissaire, bien caractérisée, dans le second membre de la même disposition : « *Si ma sœur Pauline se trouve possesseur de* « *ce bien et en dispose*, JE DÉSIRE *que ce soit en faveur de mon* « *frère Hippolyte, et qu'une moitié de ce bien aille aux enfans de* « *ma sœur, si elle en a.* »

Tous les auteurs enseignent, et toutes les Cours de justice ont unanimement statué, nombre de fois, que pour qu'il y ait substitution fidéi-commissaire, il faut que la disposition *commande*, *enjoigne* formellement à l'institué de garder et transmettre la chose à une troisième personne ; qu'il lui soit absolument interdit d'en disposer au profit d'aucune autre ; qu'il ne peut suffire d'un simple *vœu*, d'un simple *désir* exprimé par le testateur, et qui ne serait point obligatoire pour l'institué.

Or, ici, il n'y a qu'un simple DÉSIR exprimé, qu'un *simple vœu* manifesté, qui ne saurait, par conséquent, constituer une obligation aux yeux de la loi.

D'ailleurs, le testateur ajoute : « *m'en reposant toutefois pour* « *cette disposition sur la sagesse et l'équité de mes* TROIS LÉGATAIRES « *ci-dessus nommés.* »

Quelques lignes plus loin il ajoute encore :

« Je dois ce que je fais ici, *à mon père*, pour le soutenir dans « ses vieux jours..... *à ma mère*, pour ses vertus, sa bonté...

« Je le dois *à ma sœur* pour la tendresse qu'elle m'a toujours « témoignée, etc.... *C'est à sa sagesse et à sa prudence surtout que* « *je laisse toutes les dispositions pour ce que je pourrais omettre* « *ici, et surtout pour le bonheur de nos parens....* »

Ainsi, point de commandement absolu, point de lien, point

d'obligation imposée à Pauline, de conserver ce qui lui est donné, et de ne le transmettre qu'à telles personnes désignées.

Pauline reste donc entièrement libre de vendre, d'aliéner, de donner, comme elle l'entendra, les biens qu'elle aura recueillis.

§ IV.

Plus loin on lit encore :

« Si je laisse quelques *dettes*, elles seront acquittées par la ren-« trée de.... (telle créance) ou sur la vente *du terrain* d'Auteuil, « ou *sur celle de mes ouvrages et de mes meubles*, TOUT-A-FAIT A LA DISPOSITION DE MES LÉGATAIRES, OU A LA DÉTERMINATION QUE LEUR « SAGESSE ET LEUR BON ACCORD LEUR SUGGÈRERA. »

Voilà qui est encore plus fort que ce qui précède.

Ainsi, en définitive, le testateur laisse à l'entière discrétion, au libre arbitre des trois légataires, de faire telles aliénations et dispositions que bon leur semblera, tant des *immeubles* que des *meubles*, pour l'acquit de ses dettes, ou autres causes ; pourvu que ce soit *d'accord* entre eux, tant qu'ils seront vivans tous les trois.

Comment prétendre, après cela, qu'ils étaient grevés d'une substitution fidéi-commissaire, substition dont l'effet était de lier les mains à l'institué, de l'empêcher de rien aliéner, *même pour dettes*, si ce n'est après due autorisation de la justice ; de rien donner, ni par acte entre-vifs, ni par testament, au préjudice de l'appelé ?

§ V.

Dira-t-on que dans les deux clauses ci-dessus, il faut au moins voir la substitution que, dans le droit romain, on appelait *de residuo vel de eo quod supererit*, et que plusieurs arrêts ont jugé que cette sorte de substitution se trouvait implicitement comprise dans la prohibition de l'article 896 ?

Mais plusieurs arrêts ont aussi jugé le contraire ; et nos auteurs les plus accrédités en cette matière enseignent que toutes les fois qu'il résulte de la clause que l'institué n'était pas borné à une certaine quotité dont il pût disposer pendant sa vie, et qu'ainsi il pouvait aliéner indéfiniment, il n'y avait plus là l'ombre d'une substitution de la nature de celle qui est prohibée (*Merlin*, Questions de droit, Subst. § 13; *Toullier*, tom. 5, n° 37; T. 1. p. 112; *Duranthon*, t. 8, n° 74; etc.

Or, encore une fois, nulle limitation mise à la faculté qu'aura Pauline, quand elle sera en pleine jouissance de la totalité des biens, de faire telles aliénations, telles dispositions que bon lui semblera; nulle injonction à elle faite de conserver une portion quelconque de ces biens pour telle ou telle personne désignée.

Notez d'ailleurs, et ne perdons point de vue, que le testateur, célibataire, n'ayant que des frères et sœur, était entièrement libre de donner selon son gré et ses affections, après avoir satisfait à ce qu'il devait à ses père et mère, en leur conférant l'usufruit de de tous ses biens.

§ VI.

La plus précieuse partie du *mobilier* du défunt consistait en tableaux, dessins, portraits, dont il était l'auteur, et en petits objets de goût recherchés des artistes; il laisse encore à ses légataires la faculté de les distribuer, comme ils le jugeront convenable, etc., comme souvenirs, entre diverses personnes qu'il se contente de leur indiquer; puis il termine son testament par ces mots :

« *Je laisse* LES DISPOSITIONS POUR CE QUE JE N'AURAIS PAS PRÉVU *et ce qui ne changerait rien à ces articles*, *à la disposition* DES «TROIS LÉGATAIRES QUE J'AI NOMMÉS....»

Nouvelle et dernière preuve qu'il n'entra jamais dans la pensée du testateur de grever aucun de ses trois légataires du lien d'une substitution fidéi-commissaire; qu'au contraire, sa volonté dominante et persévérante fut toujours que ces trois légataires, simultanément saisis, fussent les maîtres d'user et de disposer, avec la plus entière liberté, du bien qu'il leur léguait à tous trois.

§ VII.

Au surplus et en dernière analyse, en admettant qu'il y aurait quelque ambiguité, quelque équivoque dans les diverses énonciations du testament dont il s'agit, toujours est-il certain, du moins, qu'on n'y trouve pas la formule claire et précise d'une *substitution fidéi-commissaire* proprement dite; que dès lors il y a lieu de rechercher, dans l'ensemble de l'acte, la véritable intention du disposant; qu'en un mot, il y a lieu à *interprétation* de ce testament.

Et ici vient nécessairement s'appliquer la maxime de droit, que, dans le doute, le juge doit de préférence adopter l'opinion favorable à la validité de l'acte.

« *Quotiès in actibus ambigua est oratio, commodissimum est* « *id accipi, quo res de quâ agitur, magis valeat quam pereat.* » « (*D. de rebus dubiis, Liv.* 12.)

« Lorsqu'une clause est susceptible de deux sens, on doit plutôt « l'entendre dans celui avec lequel elle peut avoir quelque effet, « que dans le sens avec lequel elle n'en pourrait produire aucun. (Code civil, 1157.) »

Ainsi délibéré à Paris, le douze mars 1838.

Signé : A. CH. GUICHARD.
J. B. TESTE.
DUPONT WHITE.
DUVERGIER.

Le soussigné adhère à la consultation ci-dessus par les motifs qui s'y trouvent développés. L'ensemble des clauses du testament lui paraît résister à l'idée d'une substitution fidéi-commissaire, et c'est par leur rapprochement et leur ensemble que les dispositions d'un testament, comme de tout autre acte, doivent être interprétées. Le testament de M. Garnerey ne renferme d'ailleurs aucune expression caractéristique d'une substitution fidéi-commissaire, et qui tende à faire supposer une telle intention au testateur. Cependant, pour interpréter le testament dans ce sens, c'est-à-dire pour l'annuler, il serait nécessaire qu'aucun doute n'existât sur la volonté de l'auteur du testament. Paris, 31 mars 1838.

DALLOZ.

www.ingramcontent.com/pod-product-compliance
Ingram Content Group UK Ltd.
Pitfield, Milton Keynes, MK11 3LW, UK
UKHW012109240726
13965UKWH00004B/1651